石破天惊

良渚文化石器造型研究

Startling Discoveries:
A Study of the Lithic Forms of the Liangzhu Culture

王其全　金志昂　编著

中国美术学院出版社

责任编辑：刘翠云
责任校对：杨轩飞
责任印制：张荣胜
封面设计：金志昂
线绘拍摄：金祺悦

图书在版编目（CIP）数据

石破天惊：良渚文化石器造型研究 / 王其全, 金志昂编著. -- 杭州：中国美术学院出版社, 2024.5
　ISBN 978-7-5503-3033-7

Ⅰ.①石… Ⅱ.①王…②金… Ⅲ.①良渚文化－石器－研究 Ⅳ.①K876.24

中国国家版本馆CIP数据核字(2023)第129529号

石破天惊
良渚文化石器造型研究
王其全　金志昂　编著

出 品 人：祝平凡
出版发行：中国美术学院出版社
地　　址：中国·杭州南山路218号　邮政编码：310002
网　　址：http://www.caapress.com
经　　销：全国新华书店
制　　版：杭州泉品图文设计
印　　刷：杭州捷派印务有限公司
版　　次：2024年5月第1版
印　　次：2024年5月第1次印刷
印　　张：17.25
开　　本：889mm×1194mm　1/16
字　　数：230千
书　　号：ISBN 978-7-5503-3033-7
定　　价：138.00元

前 言

习近平总书记指出，"中华文明5000多年绵延不断、经久不衰，在长期演进过程中，形成了中国人看待世界、看待社会、看待人生的独特价值体系、文化内涵和精神品质，这是我们区别于其他国家和民族的根本特征，也铸就了中华民族博采众长的文化自信"。（《求是》2019年8月19日）"文化自信是一个国家、一个民族发展中最基本、最深沉、最持久的力量。向上向善的文化是一个国家、一个民族休戚与共、血脉相连的重要纽带"。（《人民日报》2020年9月9日）

良渚实证中华五千年文明史！良渚文化独特而精美的石器，从工具文化和造型艺术的维度直观地体现了中华文明初绽期的灿烂辉煌。沧海桑田，往事如烟。博大精深的中华文明沉淀的历史浩繁厚重，上古的精彩只留下只言片语的传说与神话。黄帝何时？蚩尤何处？今日已无法追述具体。然而有人生活就有遗迹，有遗迹则存遗物。江浙地区考古发掘及民间生产生活建设，出土了大量的史前遗物。其中良渚文明时期的石制遗物种类丰富，造型精美，工艺极致，是良渚文明时期社会复杂化、文明化的有力佐证！

目前所见的此类遗物研究书籍资料多为专业考古机构所出版的各类考古发掘报告。在今天民族复兴、文化自信自强的背景下，民间历史爱好者、藏友怀揣历史责任积极参与研究，贡献出自己的一份力量。从专业角度切入研究整理记录民间的实物资料，宣传介绍良渚文明，献出自己的一份力量。从专业角度切入研究整理记录民间的实物资料，宣传介绍良渚文明，探讨交流互动，让更多的人深入了解中华五千年文明的丰富内涵，其成果和水平有目共睹。当人们发现中华文明生生不息、活力无限，文化自信的确立不言而喻。

毛泽东同志的《贺新郎·读史》："人猿相揖别。只几个石头磨过，小儿时节。铜铁炉中翻火焰，为问何时猜得？不过几千寒热。人世难逢开口笑，上疆场彼此弯弓月。流遍了，郊原血。一篇读罢头飞雪，但记得斑斑点点，几行陈迹。五帝三皇神圣事，骗了无涯过客。有多少风流人物？盗跖庄蹻流誉后，更陈王奋起挥黄钺。歌未竟，东方白。"伟人寥寥数语高度概括了人类发展史和人民历史观。

石器，是目前考古发掘中所能见到人类最原始的工具。从原始人对石块的简单拾捡使用，发展到旧石器早中期打制加工的简单石器，至晚期时磨制的细石器，再到新石器时期材质多样、样式多样、技术多样、研磨细致的多种石器。循序而进，渐次发展成熟，石器成为人们生产生活的必备品。即使进入青铜时代乃至当代，石制产品仍然或多或少地在被使用，足见其亘古绵延不绝的生命力。这其中最为浓墨重彩的当属良渚时期石器。今天多种工具的造型及功能，追根溯源，或多或少都传承于此。正所谓"石破天惊"，开创新天地。

I

良渚文明时期的专业匠人，显然是拥有很高水准的艺术设计大师。他们的设计审美水平体现在：渔猎用具的空气动力学符合度上；大型农业用具的模块化与组合化创新上；手持式工具锛、凿、斧等器型的人体工程学应用上；具有强烈感染力的玉石礼器造型设计与制作的工艺上。

良渚的先民有目的地采集不同类型的石头（石材）并集中放在特定场地内，按材质与使用功能规划制作不同器型石器，并使用多种工艺进行打制、切割，直至定型，再经反复研磨、修制，形成造型美观、功能实用、打磨精细的石器用品。这些石器主要有农耕用具、渔猎武斗用具、祭祀用具、手工业用具、装饰用具等。且利用制作的手工业工具，良渚人通过极具艺术想象力的再次创作，在很多玉、石器上留下了各种神秘的刻画符号和图案，充分展示了一个充满信仰力量的瑰丽神秘的上古王国。

我们在研究、整理众多的用具类器物时，根据开刃情况分析良渚人有左利手（左撇子）倾向。还发现部分石凿、石钺有较高的含铁量，推测当时的先民可能已经有意识地去寻找铁矿石源或收集陨石等特异石材以改进特定工具。

良渚石器的开孔掏镗技术至今还是在探索中，目前看应该存在多种技术并用的可能。就像"切磋""琢磨"之类玉器加工技艺的记载，留给了后人无穷的想象空间。书中也介绍了论证实验，为读者了解良渚钻孔工艺之谜架构了一个支点；对一些小发现也做了记录，留给读者思考，以期抛砖引玉。譬如石镰、石耘田器、石犁、石锄、石铲、石镞等农业生产工具在墓葬中出现时，没有固定形式的组合。但有部分石器经常组合出现，如石犁、石镞、石钺组合，这些组合在墓葬中的作用是否如玉制礼器那样，也体现出当时社会中个人身份等级的不同，抑或只是生产生活中不同的配套使用组合。

良渚人制作的这些石器，经过5300—4300年的时光消磨，存留到今天并有幸让我们遇见，实属幸运。也许这是一种前世缘分？在短暂人生中遇到它又能伴随它一程，一个完美的轮回！静静地欣赏它、慢慢地阅读它，就像在与良渚时代的工匠共情，令人着迷。"惟江上之清风，与山间之明月，耳得之而为声，目遇之而成色，取之无禁，用之不竭，是造物者之无尽藏也，而吾与子之所共适。"（苏轼《赤壁赋》）良渚文明是中华文明发展史中的一个鲜明的标志点。作为文化遗产，它是先人们留给我们的"无尽藏也"！良渚的文明基因也将持久滋润我们的现在与未来。

琮璧钺璜的玉器礼制，成熟于良渚时期。在良渚古国消散之后，它不但没有消失，反而在东亚大地上广泛传播从而受到认同。豆鼎壶的陶礼器组合，被商周青铜礼器组合继承并发扬光大，成为后世华夏礼制的一部分。神人兽面纹、卷曲鸟纹、虎形纹饰皆延绵传承，广见于四面八方。在山东龙山文化遗址、陕北石峁文化遗址、山西陶寺文化遗址、湖北石家河文化遗址，夏商周三代常常见到初见似曾相识、细观经过了改动重组的纹饰样式。这些图案虽千变万化，溯之源起，皆指向良渚。时光流逝，至宋代与良渚已相隔三千余年，时人已经不知良渚，然彼时却流行起了琮式瓶，可见良渚的文化基因一直铭刻在中国人的血脉里。

通观良渚文明，器具精美，农耕发达，整体社会文明繁荣程度大幅领先于周边社会。然洪水天灾一来，文明不得不迁移它乡，分崩离析。《旧唐书·魏征传》中李世民言："夫以铜为镜，可以正衣冠；以古为镜，可以知兴替；以人为镜，可以明得失。"良渚的兴衰就是一面古镜，提醒着我们面对自然时既要心态谦卑，准备也需充分。

良渚文明的研究有赖于物质研究。在良渚文化范围的浙江、江苏、安徽等地有不少民间历史爱好者、收藏家，长期致力于良渚文明的宣传推广。把散落民间的部分良渚石器资料汇编成书，集腋成裘，以飨读者，善莫大焉。然书虽厚，不足以录良渚文明遗物万分之一。本书中所录器物皆按原大1∶1配图，读者观之，心中自生各类器物之比例大小，如把实物，了然于心。

夸父逐日，精卫填海。前人披荆斩棘点亮文明起源的火炬，光照万古夜空。宋人张载有言："为天地立心，为生民立命，为往圣继绝学，为万世开太平。"今观西方文明有亚述学、埃及学之单独学科并影响全球。良渚为我中华五千年文明实证代表，历史与现实意义相对我中华文明当更为重要。面向大众，当是方向。在更高的目标上我们是否该推动良渚学成为一门独立学科呢？仁者见仁，智者见智。读者诸君先从一件件器物开始探索良渚，最终构建出自己的良渚世界。

何苏双

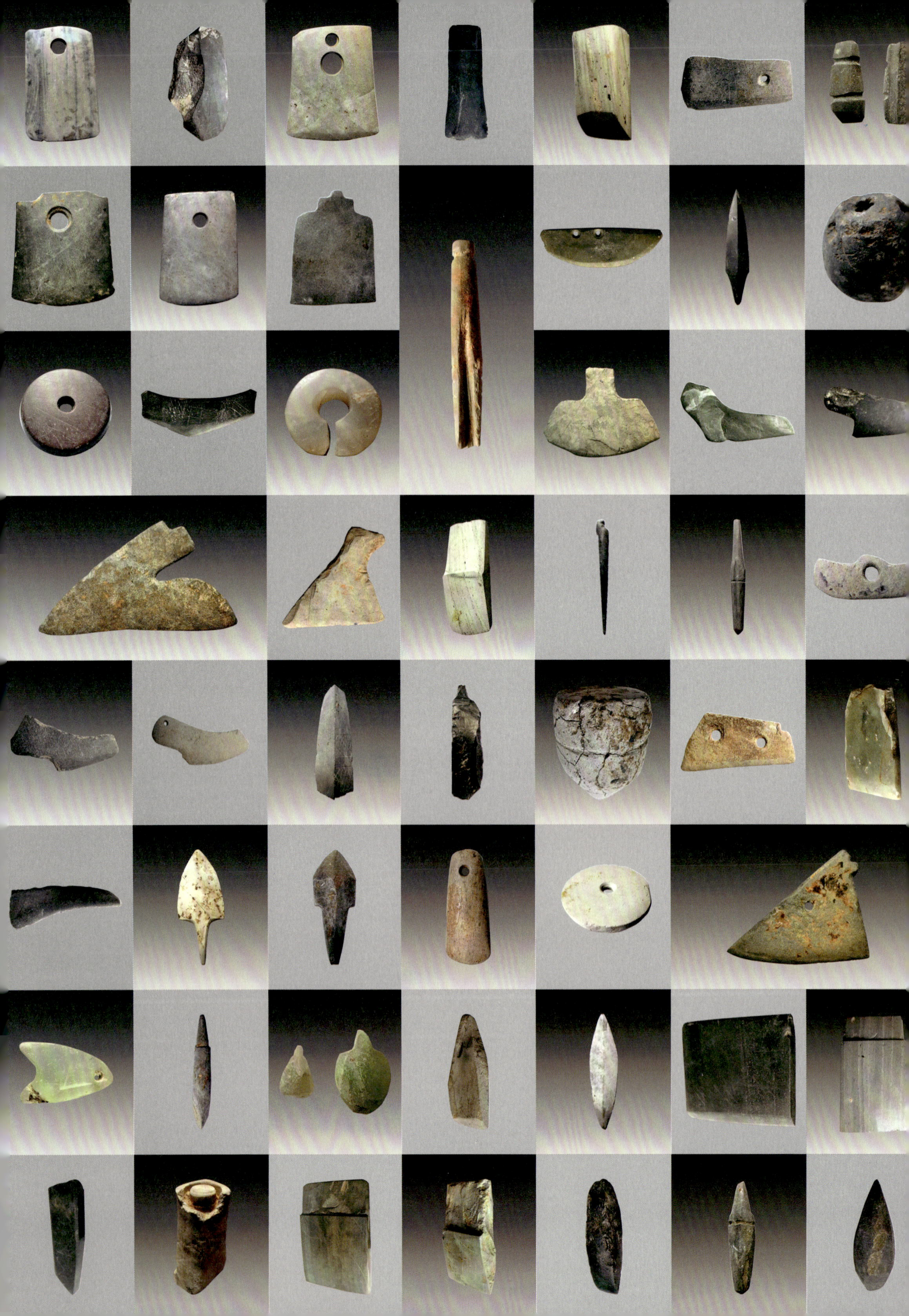

目 录

前言	I—III
图页索引	001—003
壹 石头祭	**004—037**
图例	005
石钺种类	006
何谓石钺	007
石钺器型	008—029
含铁质石钺	030—031
滑石质石钺	032—033
迷你形石钺	034—035
战国（越国）青铜钺	036—037
贰 农作用器	**038—091**
石犁 破土器	039—043
石犁 分体石犁	044—045
石犁坯	046
薄型石犁	047
小型石犁	048—049
破土器 石铲	050—062
石镰刀 石耨（锄）	063—065
耘田器型石镰	066—068
石刀	069—085
战国（越国）青铜农具	086—087
汉代铁农具	088—091
叁 渔猎用器	**092—119**
石网坠	093—095
石镞	096—111
石鱼镖	112—113
战国青铜镞	114—115
石球	116—117
石权 石杵 石磨盘	118—119
肆 手工业器	**120—227**
石斧	121—125
研磨石	126
石凿	127—138
石楔	139

石锛系列	140—182
石锛类型 何为石锛	142—143
直桶石锛	144—151
同坑石锛	152—153
较大石锛	154
较轻石锛	155
战国青铜凿	156
战国（越国）青铜锛	157
有段石锛	158—182
较小有段石锛	161
较大有段石锛	162—163
有段石锛器型	164—167
台阶型有段石锛	168—182
石矛	183
石戈	184—185
石刮削片	186—187
纺锤车	188
石纺轮及支杆	189—191
石陀螺	193—195
石钻头	196—201
解玉石器	202—203
砺石、研磨石	204—209
陨石、燧石雕刻器、燧石	210—214
不断发现	216—223
残改件	224—227

伍 萤石及其它 228—233

萤石块	228—229
莹石制品	230—231
水晶、绿松石	232—233

陆 管钻探索 234—249

石钺开孔种类	236—238
石钻芯	239—241
管钻钻头探索	242—249

柒 石头记 250—262

良渚石料	252—253
刻画器物	254—261

参考资料 262

后记 263

番外 264

编委会 265

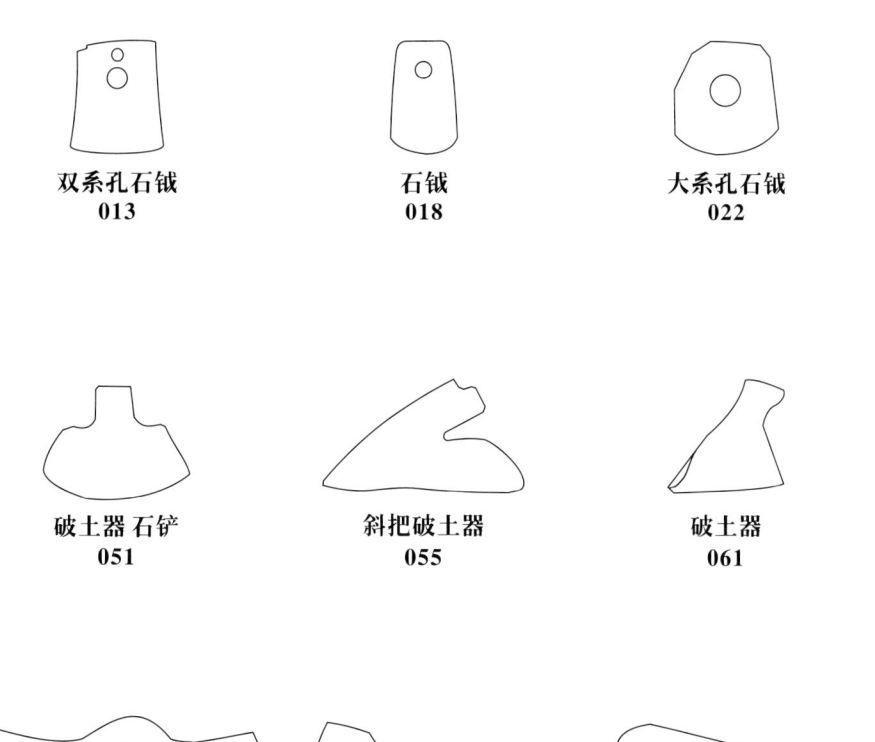

图页索引

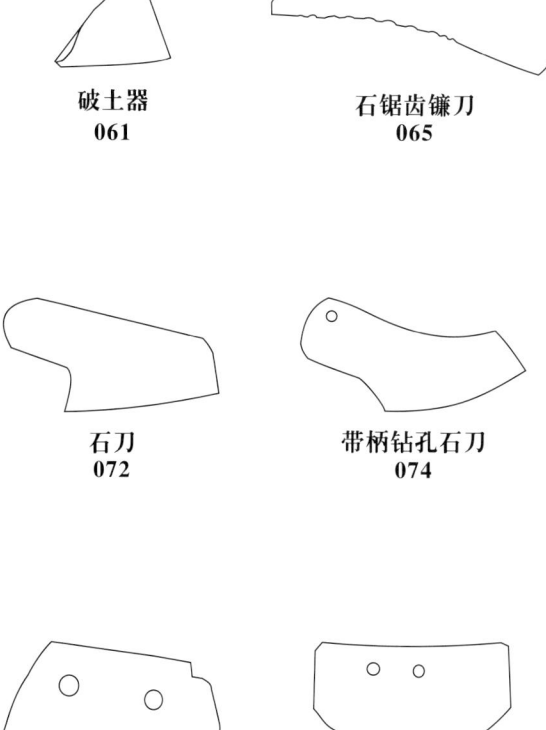

双系孔石钺 013	石钺 018	大系孔石钺 022	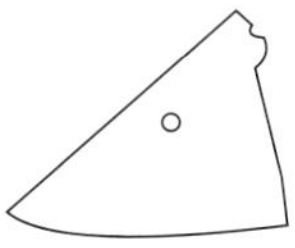 石犁 041
破土器 石铲 051	斜把破土器 055	破土器 061	石锯齿镰刀 065
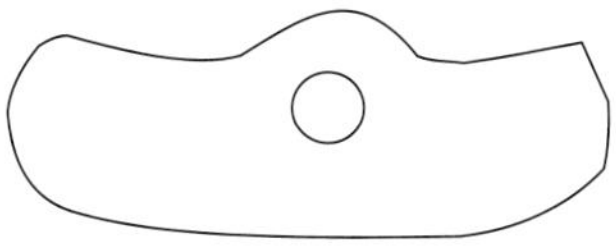 耘田器型抓孔石镰 068	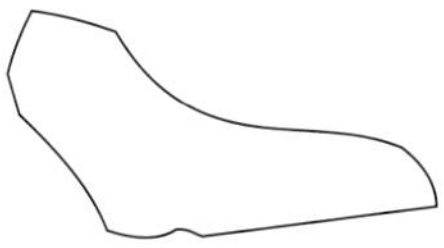 石刀 070	石刀 072	带柄钻孔石刀 074
直柄石刀 076	 单孔三边开刃石刀 077	 双孔石刀 081	 双孔石刀 083

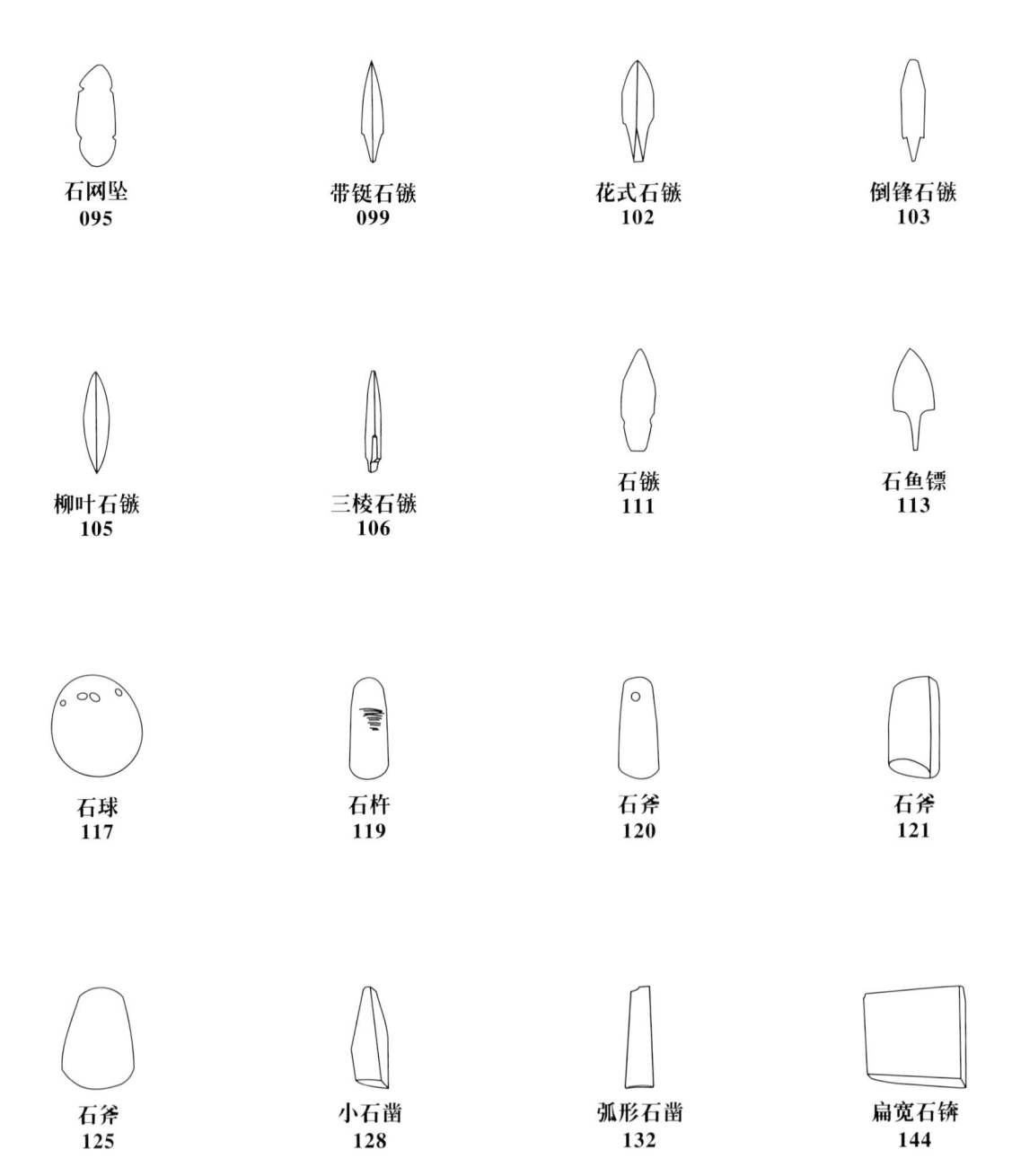

图页索引

石网坠
095

带铤石镞
099

花式石镞
102

倒锋石镞
103

柳叶石镞
105

三棱石镞
106

石镞
111

石鱼镖
113

石球
117

石杵
119

石斧
120

石斧
121

石斧
125

小石凿
128

弧形石凿
132

扁宽石锛
144

图页索引

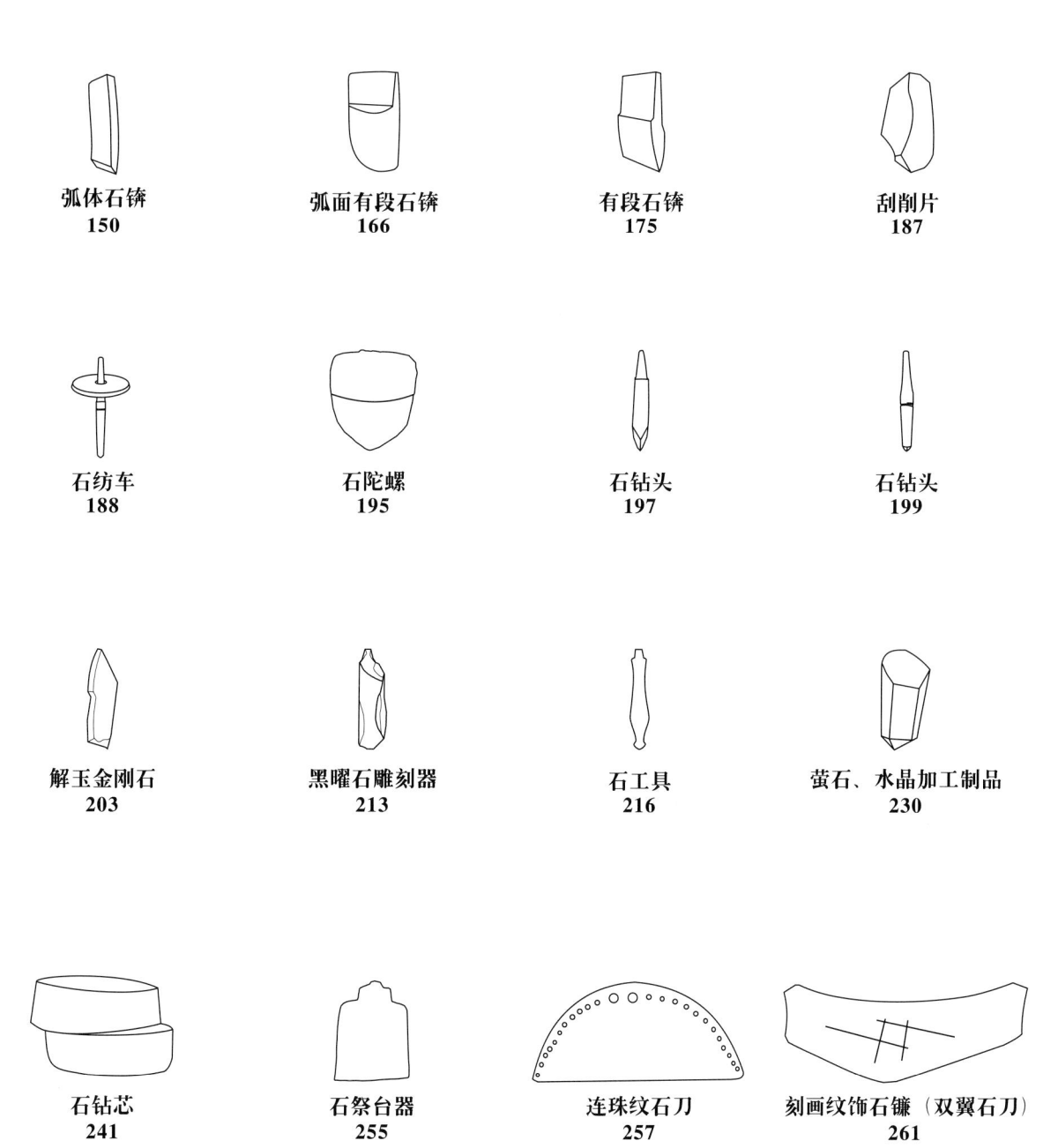

弧体石锛
150

弧面有段石锛
166

有段石锛
175

刮削片
187

石纺车
188

石陀螺
195

石钻头
197

石钻头
199

解玉金刚石
203

黑曜石雕刻器
213

石工具
216

萤石、水晶加工制品
230

石钻芯
241

石祭台器
255

连珠纹石刀
257

刻画纹饰石镰（双翼石刀）
261

壹 石头祭

石钺

　　早年学术界普遍认为玉钺为实用器，是行使最高统治职能权利的凭证，而石钺则划分为明器。认为石钺代表男性在典型父系氏族曾有的家庭地位，正如同纺轮是女性茔的标配，用来表述墓主男耕女织的和谐家庭生活。各种石质的钺可以反映各家庭的生活品质。材质佳、器型厚实、孔径大者代表墓主富裕，而材质较差、器型薄则为贫，更甚者就用其他生活器充当石钺之礼器。

　　随着石钺更多的出土发现，改变和更新了属性认知。例如，在幼儿墓的发现，石钺具有了彰显财富功能或对墓主的宠爱之意。而在女性墓的发现，更是颠覆了男性标配的传统理解。从而证实石钺也有作为实用器存在，用于生产劳作和作为武器使用。它陪伴持有人活着时生产生活使用，在履行完职责后又能伴随主人长眠。良渚文化期早期人们制作的石钺，流传到中晚期一直存在本身就是能够证明其有实用价值的最佳论据。根据其明显的使用痕迹一般推断可用于各种劳动生产，功能类似于斧。

图例

　　　　　　　　　　　　　　　图物
　　　　　　　　　　　　　　　2cm尺参照物
尺寸:92mm×6mm×140mm ········· 原大尺寸的宽、厚、高
孔直径:20mm　重:204g ········· 开孔直径及重量等数据
1-001 ········· 篇编号及子编号
石钺 ········· 物品名称，无特别标注者都为良渚器
此钺光整，玻璃光包浆 ········· 解说
稀，美品 ········· 按稀有度大致划分4档：普、稀、罕、珍
　　　　　　　　　　　　　　　按品相状态大致划分4档：残件、改件、
　　　　　　　　　　　　　　　　　　　　　　　　真品、美品

石钺种类

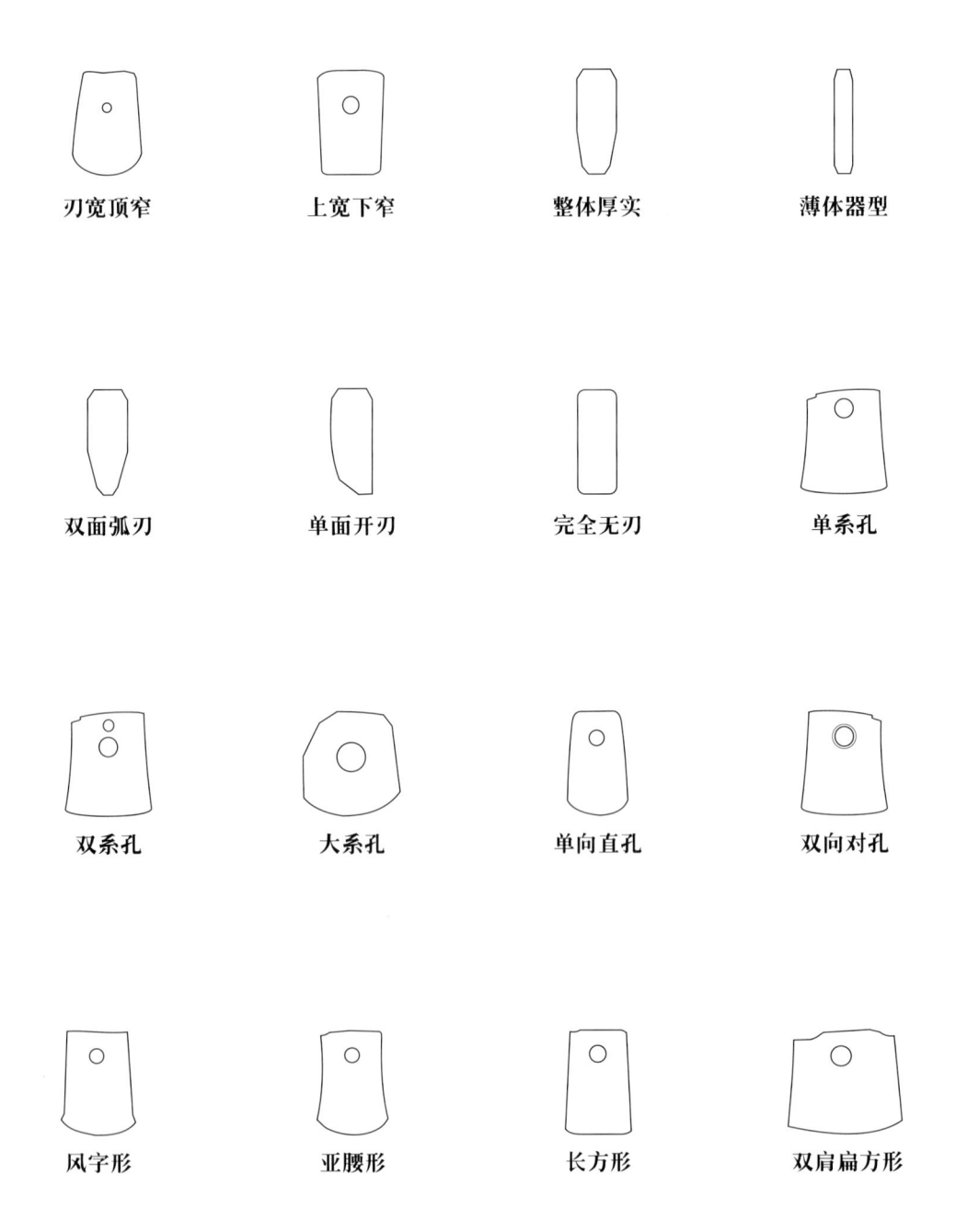

刃宽顶窄	上宽下窄	整体厚实	薄体器型
双面弧刃	单面开刃	完全无刃	单系孔
双系孔	大系孔	单向直孔	双向对孔
风字形	亚腰形	长方形	双肩扁方形

何谓石钺

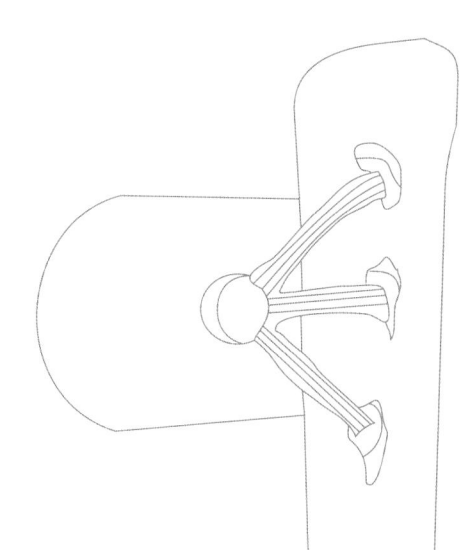

《说文解字》说,"钺,大斧也"。

钺由斧演变而来：马家浜文化时期,斧、钺开始解体,斧还是从农,钺选择了政治路线。崧泽文化时期,石钺被玉钺替换,并作为军权或王权凭证。

良渚文化时期的钺杖与琮一样作为玉礼重器。玉钺和石钺的功能是单一的：玉钺是权力的象征和代表,只有部落首领才能使用和拥有。玉钺已完全脱离生产工具的范畴,因此加工和制作工艺趋于完善,甚至刻有神徽,也可以理解为刻有国徽视觉视别。造型更为完美,打磨更为精细。石钺的器型尽管和玉钺一致,但功能完全不同。石钺不能发号施令,只作为钺礼器的替补品。玉钺和石钺的共同点是：两者的属性一样,都非主要生产工具。两者的所属关系是：拥有玉钺者可以完全拥有石钺,而拥有石钺者并不一定能有一片玉钺。

石钺的质地有：沉积岩、火山碎屑岩、火成岩、变质岩,其中变质岩占少数,火山碎屑岩较多,沉积岩最多。

良渚石钺一词较早出现在民国25年（1935年）5月卫聚贤发表的考古文章中。但此钺非彼钺,[1]文中的石钺指现在所说的台阶式有段石锛,[2]也有将石钺称为石铲者。[3] 1977年吴汝祚将该器型定名为石钺,[4]一直延用至今。之后陆续发现其外形大致有：

刃宽顶窄、上宽下窄,厚体和薄体;

双面弧刃、单面开刃、完全无刃;

无肩、单肩、双肩形;

单系孔、双系孔;

大系孔、小系孔;

单向开孔、双向对孔、孔内穿有无打磨;

有圆盘形、梯形、长方形、亚腰形、风字形等等。

何谓良渚石钺？良渚遗址群的石质礼器以石钺为主,其形态、质地和数量有比较严格的等级区分。石料的选择既体现了石器加工的专门化,也体现了良渚先民对矿物的认知水平[5]。

---

[1] 何天行:《良渚访古记》,《学艺》第二一期。

[2] 卫聚贤:《中国古文化由东南传播于黄河流域》,吴越史地研究会编：《吴越文化论丛》,1937年7月。

[3] 施昕更:《良渚》(杭县第二区黑陶文化遗址初步报告),浙江省教育厅出版,1938年6月。

[4] 吴汝祚:《太湖地区的原始文化》,《文物集刊》第1集,北京：文物出版社,1980年。

[5] 良渚博物院官网,"探秘良渚石器"。

石钺器型

尺寸:115mm×6mm×125mm
孔直径:24mm 重:252g
1-002
石钺
穿孔,为两面对向钻
有开孔定位痕迹,此钺玻璃光包浆
普,美品

在石钺顶端打缺。这种形式可以称作制作肩部,有利于石器的捆绑与使用,是工具使用进步的一种标志。双肩石器在我国新石器时代使用比较广泛,新石器时代早期就已出现,一直延续到新石器时代晚期甚至更晚。华南地区出土的双肩石器中,斧、锛占有很大比重,而且不多见于其他地区,表明古代南方木作活动相当频繁。有少部分双肩石器具有礼器的性质,不是专用的生产工具。

引:王仁湘:《关于我国新石器时代双肩石器的几个问题》,《中国史前考古论集》,北京:科学出版社,2003年。

尺寸:108mm×6mm×101mm
孔直径:31mm，重:176g

1-003
石钺
此石钺为方正形
普，美品

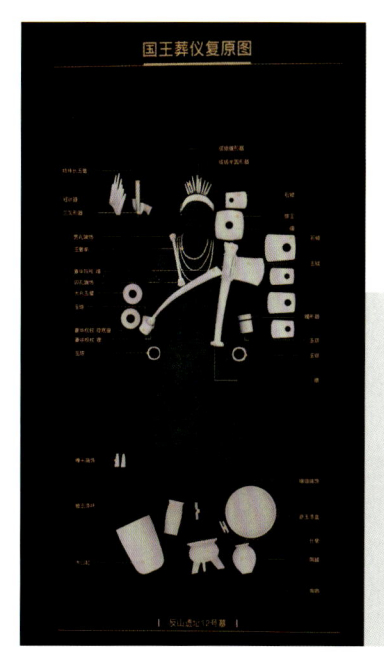

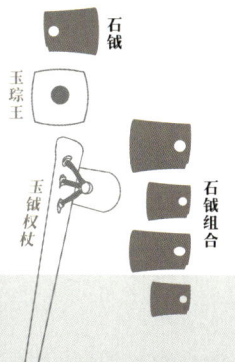

《国王葬仪复原图》（左图）表明了石钺是良渚文化高规格葬仪中，重要的礼器之一且占有量较高，也是众多石质器物中唯一参与的品种。图中石钺位置在于主人左手，与权杖同侧。首枚石钺在于玉琮王的上方，接近了国王头盖。刃口朝向同权杖之玉钺，一致朝外。由此可设想石钺和大孔玉璧的组合还具有最高统治者作为财富统治和支配凭信的可能。如同现在的"央妈、财爸"（个人观点，望更多的学者进一步研究）。

尺寸:110mm×7mm×130mm
孔直径:20mm 重:216g
1-004
石钺
穿孔为两面对向开
此钺带玻璃光包浆
稀，美品

良渚文化石钺按社会阶层配置可分三大类：
1. 圆角花石钺，形体厚重，大穿孔，多以凝灰岩制成，一般只随葬于高等级大墓，如图：1-013。
2. 窄风字型石钺，边缘打磨有棱线，多以砂岩制成，作为玉钺的仿制品和替代品，一墓仅随葬一件，一般为贵族墓葬，如图：1-008。
3. 较宽的风字型，多以泥岩制成，常随葬于平民墓，如图：1-002。

尺寸:145mm×4mm×192mm
孔直径:30mm 重:339g
1-005
石钺
穿孔,为两面对向开
稀,美品

尺寸:115mm×6mm×161mm
孔直径:21mm 重:276g

1-006
石钺
泥鳅背打磨式内穿
普，美品

尺寸:105mm×6mm×120mm
大孔直径:24mm 重:179g

1-007
石钺
上下双孔
此钺器型较为特殊，表面玻璃光包浆
罕，美品

尺寸:92mm×8mm×133mm

孔直径:19mm 重:279g

1-008
石钺
带玻璃光包浆
稀，美品

尺寸:103mm×7mm×152mm

孔直径:20mm 重:365g

1-009
石钺
稀，美品

尺寸:74mm×8mm×102mm　62mm×7mm×100mm
孔直径:14mm
重:105g　152g
1-010
石钺两片
普，美品

尺寸:135mm×6mm×202mm
孔直径:30mm 重:334g
1-011
石钺
带玻璃光包浆
稀，美品

尺寸:103mm×8mm×170mm
孔直径:27mm 重:296g

1-012
石钺
较长厚形
稀，美品

疑是同时代麻布纤维物

尺寸:152mm×10mm×191mm
孔直径:44mm 重:570g

1-013
双肩石钺
较宽厚形
罕,美品

尺寸:100mm×15mm×155mm

孔直径:26mm

重:486g

1-014-A

石钺

罕，极美

尺寸:100mm×15mm×155mm

孔直径:26mm

重:486g

1-014-B

石钺

罕，极美

尺寸:137mm×10mm×143mm
孔直径:39mm 重:379g
1-015
崧泽文化期 石钺
较宽厚形，大孔径，孔离边距较良渚文化期大
稀，美品

尺寸:77mm×18mm×124mm
孔直径:15mm
重:350g

1-017
石钺
穿孔，为喇叭口
一般石钺都是上小下大，而此件反其道而为之
罕，美品

尺寸:83mm×6mm×128mm
孔直径:26mm
重:128g

1-016
石钺
稀，美品

尺寸:87mm×10mm×122mm
孔直径:39mm 重:187g
1-018
石钺
穿孔较大,为单向直开
带玻璃光包浆
稀,美品

尺寸:90mm×7mm×136mm
孔直径:22mm 重:230g
1-019
石钺
普,美品

尺寸:95mm×7mm×130mm
重:241g
1-020
石钺
筥溪沙坑形成的黑色玻璃光包浆
罕，美品

尺寸:85mm×8mm×102mm
孔直径:12mm 重:152g
1-021
石钺
穿孔，为单向，直开
有使用痕迹可能为生产农具
普，真品

尺寸:82mm×10mm×80mm
外孔圈直径:22mm 内穿孔直径:12mm，重:155g

1-022
石钺
此石钺为方正形，喇叭穿孔，原始凿孔方式，较厚，可能为生产实用器
普，美品

尺寸:97mm×8mm×115mm
重:198g

1-023
石钺
笤溪沙坑形成的黑色玻璃光包浆，使用痕迹较为明显，为生产农具普，美品

插入木柄槽而留下的粘合物痕迹

根据考古发掘资料显示，良渚文化时期漆木器工艺已发展成熟。漆器与木器、玉器以各种形式组合已出现。朱色，并不仅用于石钺，其用途广泛。根据民族学资料，赤铁矿粉与血液色彩完全相同，人们依据巫术意识，认为用赤铁矿粉来涂抹各种制品，就等于将生命倾注其中了。他们认为，红色是具有辟邪意义的色彩。

引：罗晓群：《良渚文化墓葬中出土石器初探》，良渚文化博物馆编：《良渚文化论坛》。

尺寸:82mm×15mm×123mm

外穿孔直径:27mm 内穿孔直径:7mm

重:376g

1-024

石钺

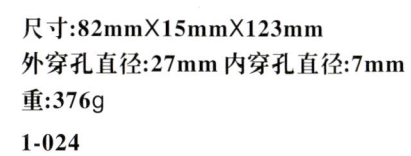

穿孔，为喇叭口，使用痕迹较为明显，为生产农具普，真品

含铁质石钺

尺寸:136mm×18mm×121mm
孔圈直径:55mm
重:350g
1-025
崧泽文化期 石钺
此钺较为特殊,含铁量极高
罕,美品

尺寸:121mm×15mm×110mm
大孔直径:29mm 重:462g

1-026
石钺(杭州江南古陶博物馆藏)
此钺较为特殊,含铁量极高
珍,美品

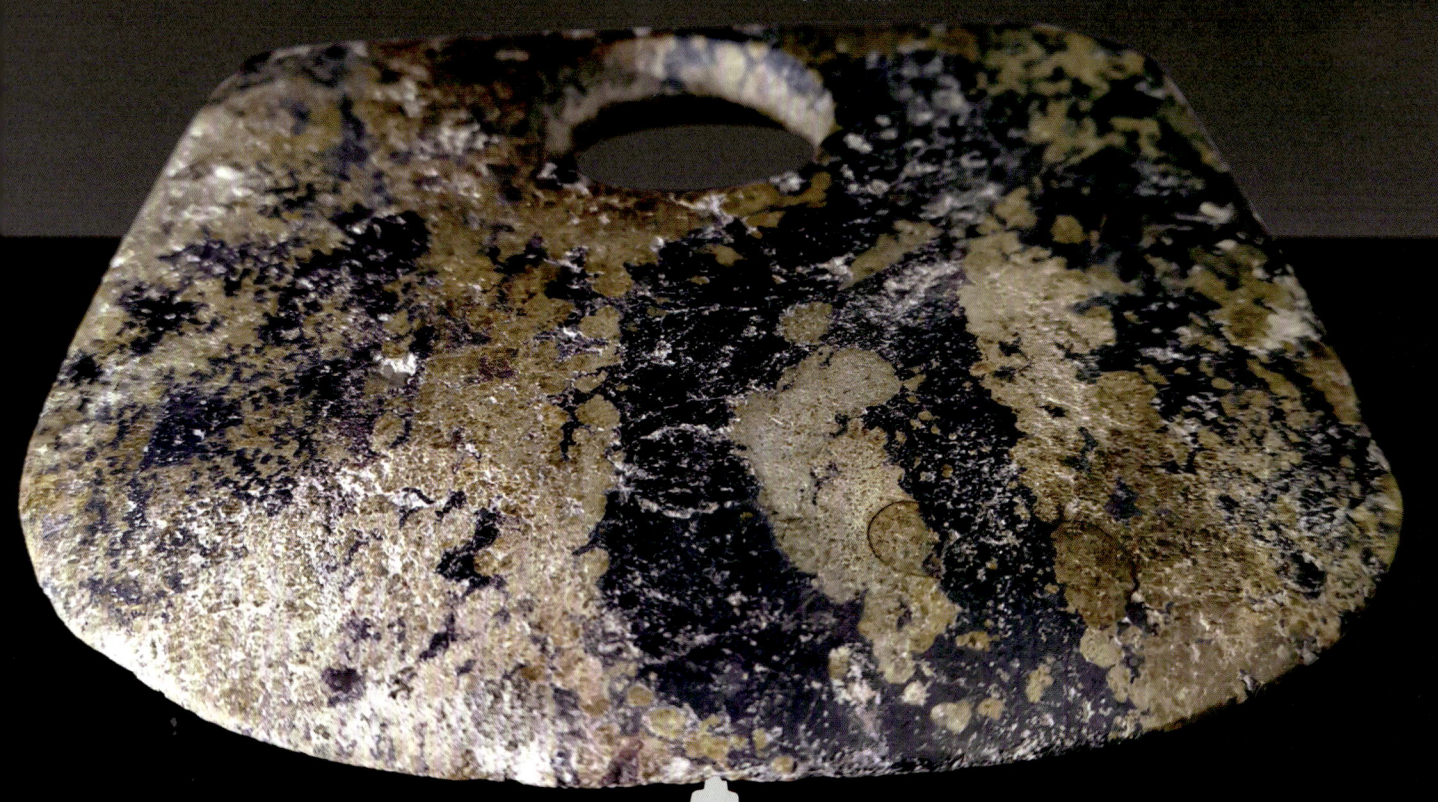

滑石质石钺

尺寸:111mm×11mm×154mm
重:396g
1-027
滑石钺
未开刃
稀，美品

　　石钺上出现的不同现象代表钺功能上的区分，其礼化的转变应结合功能和对社会的重要性而决定。不开刃的硬度较差。很明显，开刃可作为实用工具，而未开刃的应为葬礼器使用。可见当时人们已懂得选择用不同的材质，制作不同用途的工具。

尺寸:53mm×8mm×87mm
孔直径:6mm 重:76g

1-028
滑石钺
未开刃
稀，美品

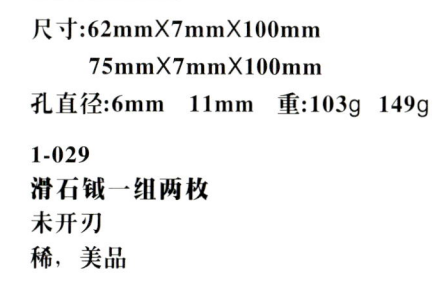

滑石钺锋口

尺寸:62mm×7mm×100mm
　　　75mm×7mm×100mm
孔直径:6mm 11mm 重:103g 149g

1-029
滑石钺一组两枚
未开刃
稀，美品

滑石钺穿口

迷你形石钺

尺寸:18mm×3mm×20mm
重:2g

1-030
小石钺
稀，美品

尺寸:26mm×2mm×41mm
重:6g

1-031
小石钺
稀，美品

尺寸:25mm×3mm×33mm
重:7g

1-032
小石钺
稀，美品

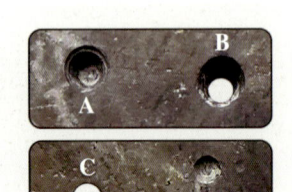

此枚迷你型石钺，开孔方式较为特殊。

A孔：先用管钻、后改为桯钻，钻至厚度2/3处而停止。

B孔：采用桯钻直通于C孔。

D孔：为桯钻，钻至厚度1/3处而停止。

B、C孔为实用性的开孔，A、D两孔（坑）估计为使用卡口或装饰性、象征性的开孔。

尺寸:25mm×3mm×33mm
重:7g

1-032
小石钺
开孔较为特殊
稀，美品

尺寸:36mm×3mm×39mm
重:12g

1-034
小石钺
刻有半圆，或具装饰性，或为钻孔做准备
稀，美品

尺寸:17mm×3mm×25mm
重:3g

1-035
小石钺
稀，美品

尺寸:20mm×2mm×24mm
重:3g

1-036
小石钺
稀，美品

迷你型石钺，是工具礼器化的体现，是源于对技艺的一种尊崇。此组迷你型石钺可能为古人随身携带的小工具，小孔穿绳子便于使用和保存，有可能用于修陶坯、漆器类精细手工活，也或许为低收入家庭夭折男孩之明器。具体功能有待进一步研究。

战国（越国）青铜钺

战国（越国）青铜钺（斧）一组（缩小图）

良渚石钺器型对后世器型的影响

贰 农作用器

保持金黄外壳的良渚稻谷　尺寸：原大

良渚文化期碳化稻谷　尺寸：原大

良渚文化期碳化稻米　尺寸：原大

石犁
破土器

　　良渚文化期的破土器品种较多，主要使用方式为利用器身所开的长缺口或孔口和顶角缺口捆绑木柄，木柄上系绳可牵引，破土器带刃的长边入土，前边挽拉，后边扶把而耕。而器型小的则插上木柄后单人操作即可。破土器可用于开沟挖渠。

缩小图

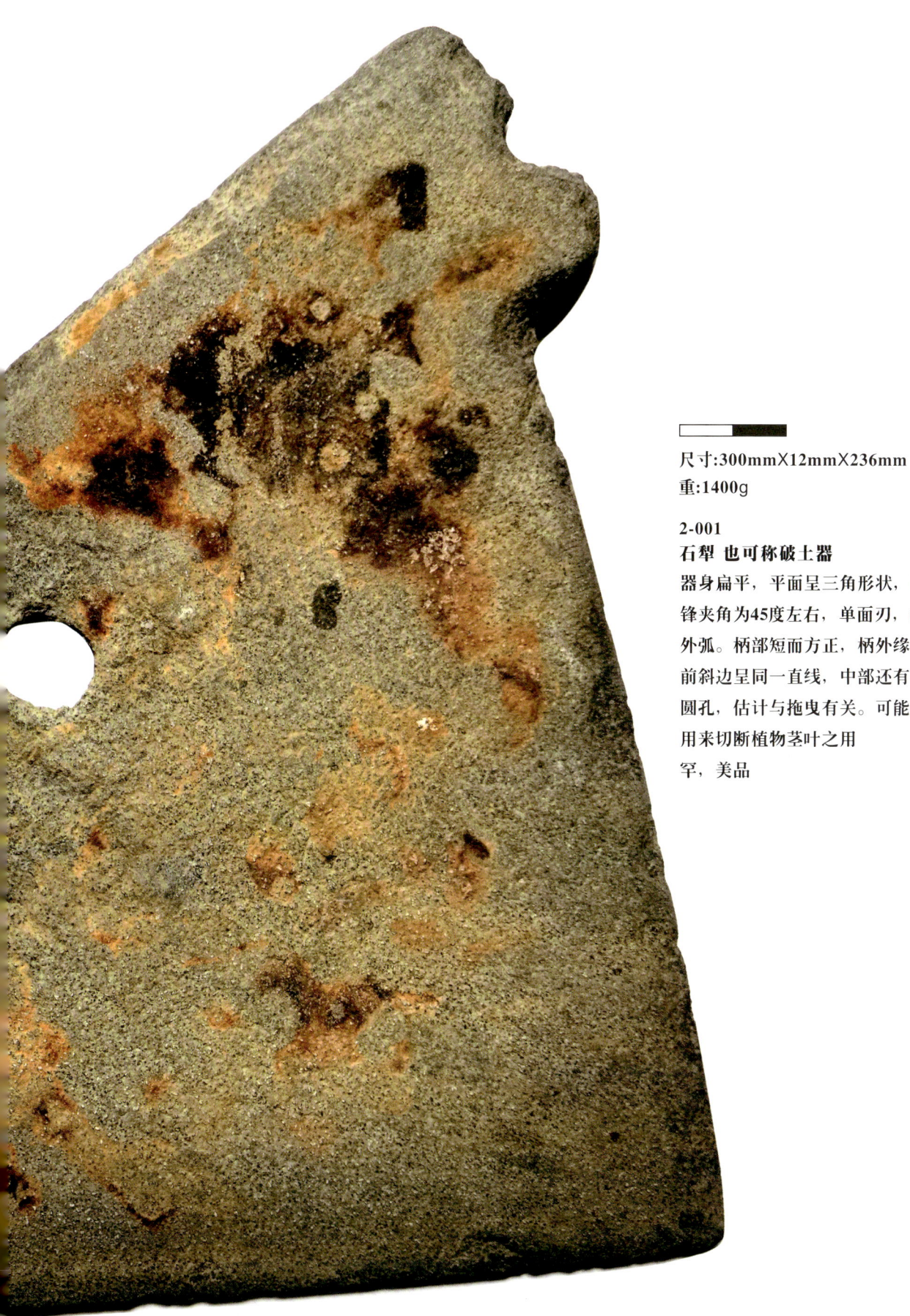

尺寸:300mm×12mm×236mm
重:1400g

2-001
石犁 也可称破土器
器身扁平,平面呈三角形状,前锋夹角为45度左右,单面刃,微外弧。柄部短而方正,柄外缘与前斜边呈同一直线,中部还有一圆孔,估计与拖曳有关。可能是用来切断植物茎叶之用

罕,美品

缩小图

尺寸:360mm×11mm×235mm
重:1400g

2-002
石犁 也可称破土器
罕，美品

石犁
分体石犁

2-003
分体式石犁
良渚博物院 展陈
罕，美品

由于石犁铧质地脆弱，皆由软质石料磨制而成，都比较薄，厚薄均匀。如果单独以其翻地必然容易折断，所以不是单独使用的农具。各式石犁铧底部平整，没有磨光和使用痕迹，仍保留了制造时的粗糙面。它们具体的安装方法是，事先有一个木犁床，其尖部由两部分构成，下为垫木，上为木板。石犁铧即嵌在两者中间，然后穿以木钉，这样石犁铧包在木犁床中，刃部外露，克服了石犁易坏的弱点。犁来源于耒耜，在江浙地区更是如此。鉴于石犁铧很大，显然已经不是一般的耒耜柄所能装纳的。犁床和犁铧之所以这样大，可能与水田耕作有关，这样有一定浮力，使犁不易下沉。事实上，水田宜于用石犁，旱地则否，所以江浙地区出土大量石犁不是偶然现象。[①] 下图为石犁和犁床使用中的组合。

① 牟永抗、宋兆麟《江浙的石犁和破土器——试论我国犁耕的起源》，《农业考古》1981年第2期。

2-004
分体式石犁
浙江省博物馆 展陈
珍，美品

044

尺寸:250mm×9mm×253mm（缩小图）
2-005
石犁（杭州江南古陶博物馆藏）

石犁，（崧泽文化期）农耕用具。先民将石犁安装在木犁床中、配上犁架等复合工具运用牵引着力或用手力破土、松土、碎土等方法耕地

罕，美品

石犁坯

尺寸:115mm×10mm×140mm
重:316g

2-006
石犁坯（石耨坯）
稀，美品

广富林遗址留下的牛和人的脚印
照片：来自《寻找失落的文明》

薄型石犁

尺寸:118mm×0.5mm（最薄处）×87mm
重:61g
2-007
石犁（石耨）
稀，美品

小型石犁

大者尺寸:44mm×10mm×121mm
重:92g

2-008
石犁或分体石犁的一部分一组两枚
普，美品

尺寸:39mm×10mm×62mm
重:26g

2-009
小型石犁
扁状圆脊、尖头，两端开刃
稀，美品

尺寸:62mm×8mm×56mm
重:60g

2-010
石犁
稀，美品

此类小型石犁有学者提出另外观点：
　　特征是片状长方形石板，短边两端中间有半孔凹口。长的两边开刃、截面有打磨和未打磨两种。有研究者认为是绕线石板，功能为编织用具。先民把丝或线绕集两孔之间，和现代的线板功能一样。但此器物和纺轮及纺轮杆相比极其粗糙，貌似和纺织业手工细活格格不入。笔者认为更适合农作粗活使用。

048

尺寸:上图59mm×10mm×56mm
重:39g

2-012
石犁 带刻画
稀，美品

尺寸:83mm×8mm×74mm
重:38g

2-011
小型石犁或分体石犁的一部分
扁状两边开刃
普，美品

此类器型的开孔（半圆坑）往往是一面粗糙，另一面打磨精细，具体功能有待进一步研究。

发现的此类器型看似残件，其实不然。对比后发现，制作如出一辙。两边开刃、截面未打磨、两半圆孔为石凿啄之，制作粗糙。有些在背面有石凿细小的啄坑。可能为一石多用器，更多学者认为此器型为<u>马桥文化期的多边开刃石刀</u>。具体功能有待进一步研究。

049

破土器 石铲

尺寸:290mm×12mm×250mm
重:1000g

2-013
石 破土器（石铲）
稀，美品

缩小图

缩小图

尺寸:255mm×10mm×162mm

2-014
石 破土器（石铲）
稀，美品

缩小图

尺寸:315mm×12mm×245mm
重:1100g

2-015
石 斜把破土器
罕，美品

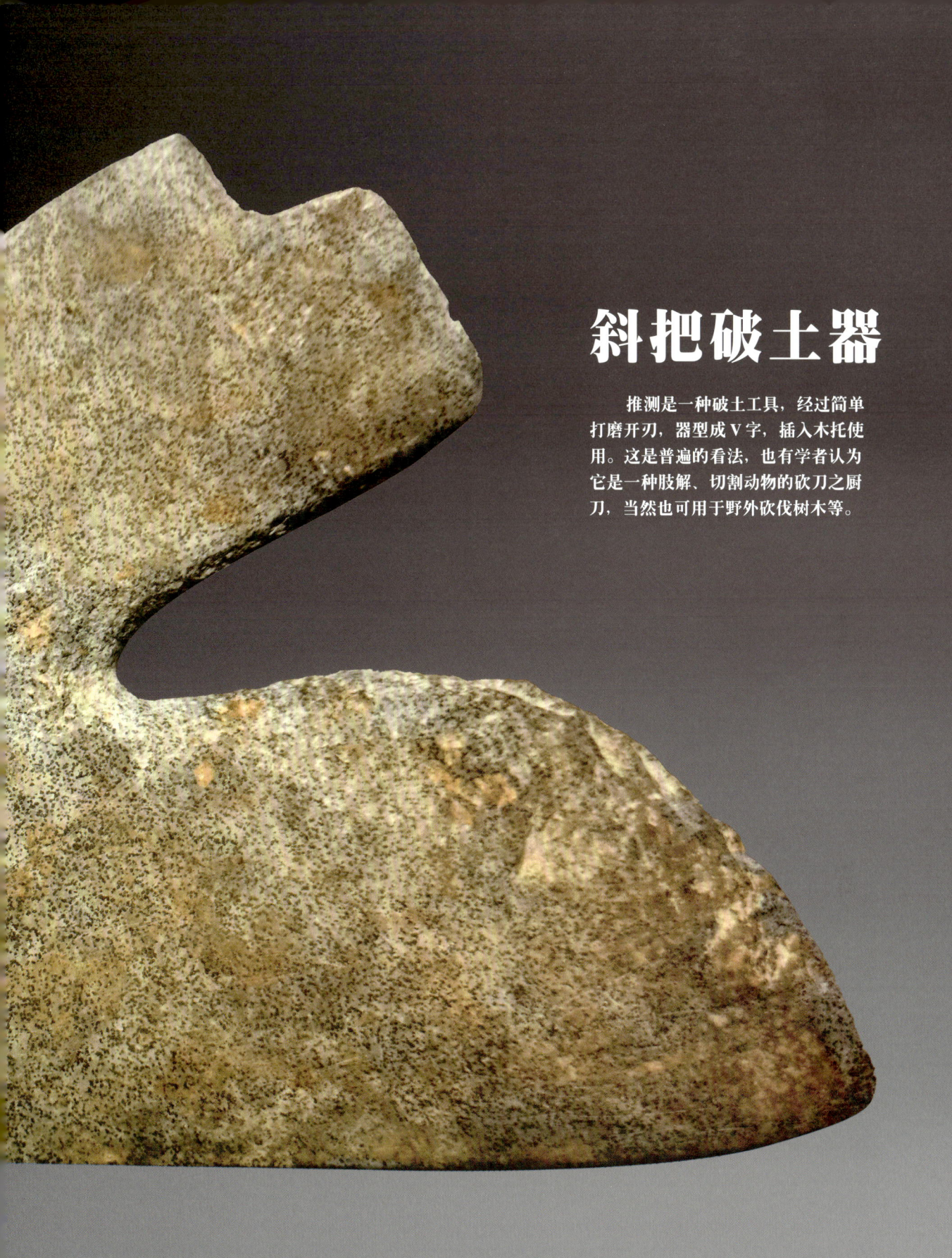

斜把破土器

推测是一种破土工具，经过简单打磨开刃，器型成V字，插入木托使用。这是普遍的看法，也有学者认为它是一种肢解、切割动物的砍刀之厨刀，当然也可用于野外砍伐树木等。

缩小图

尺寸:290mm×17mm×220mm
重:1150g

2-016
石 斜把破土器
也可称石耨刀[1]
罕，美品

[1] 林华东:《良渚文化研究》，杭州：浙江教育出版社，1998年。

尺寸:105mm×14mm×154mm
重:297g

2-017
石铲也可称有肩石斧（石耜）
普，美品
此器型在早期普遍称为石戚[1]

---

[1] 何天行编：《杭县良渚镇之石器与黑陶》，吴越史地研究会，1937年。

尺寸:170mm×17mm×210mm

2-018
石 破土器
稀，美品

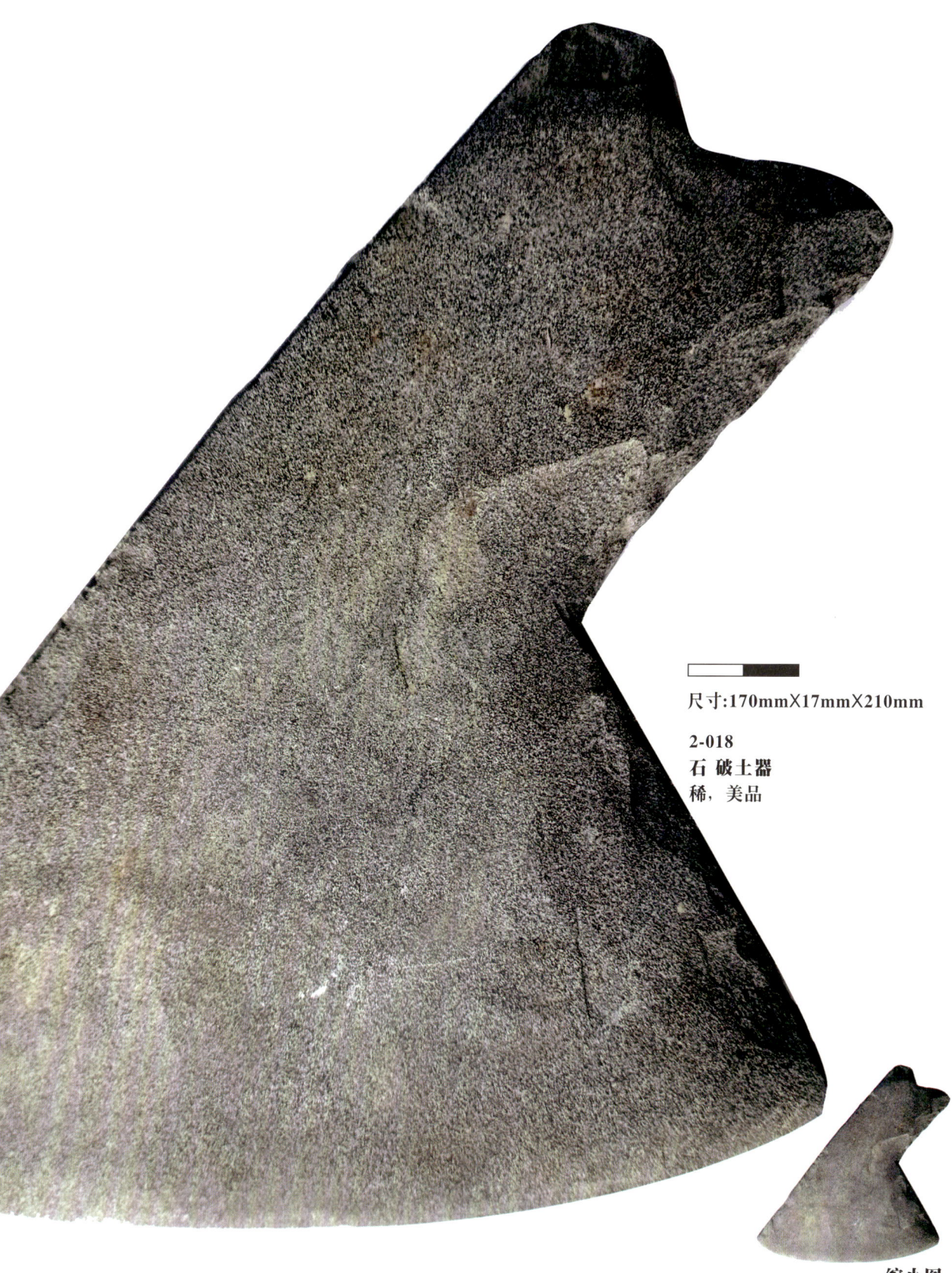

缩小图

尺寸:115mm×14mm×165mm
重:550g

2-019
石铲也可称有肩石斧（石耜）
上端有插入木柄痕迹
普，真品

尺寸:176mm×12mm×157mm
重:374g

2-020
石 破土器
稀，美品

此器型在早期普遍被归类为刀类[1]，
称为有柄三角式刀，
上具握手的柄，刀身为不等形的三角，刃异常粗钝，
或有凹凸缺损，为实用的痕迹[2]。

---

[1] 何天行编:《杭县良渚镇之石器与黑陶》，吴越史地研究会，1937年。
[2] 施昕更:《良渚》(杭县第二区黑陶文化遗址初步报告)，浙江省教育厅出版，1938年6月。

尺寸:64mm×14mm×80mm
重: 91g
2-021
石 破土器
普，美品

尺寸:80mm×15mm×135mm
重:346g

2-022
石铲也可称有肩石斧（石耜）
普，美品

石镰刀
石耨（锄）

  耘田器的器形略作月牙状、刃圆弧、背凹弧，两翼角起翘，背中部起凸榫，下有圆孔，磨制精细，造型独特。学术界对其定名与用途却颇具争议，归纳起来大致有石刀[①]、耘田器、石耜冠、石锄等几种意见。除石刀外，其他三种命名都认为其用途是跟稻作农业相关，犹以耘田器之说影响最大，因器形相似于近现代稻田中耕时除草用的耘田器，但器械耘田要在水稻行栽时才能进行，良渚时期显然还处于撒播的原始稻作阶段。故宫博物院藏有一件玉质耕田器。耘田器的功用有待进一步探索。

[①] 纪仲庆：《略论古代石器的用途和定名问题》，《南京博物院集刊》第6集，1983年。

尺寸:135mm×9mm×42mm
重:75g

2-023
石刀
镰刀形
普，美品

尺寸:75mm×9mm×30mm
重:185g

2-024
石镰刀
镰刀形，背平，锋口面朝上，适合右手劳作
石镰是用于割草、割禾的农具，良渚时期的石镰较多，表明当时用镰收割水稻的技术已有一定的普及
稀，美品

尺寸:94mm×10mm×36mm
重:46g

2-025
石锯齿镰刀
距齿有大有小，较随意
（目前尚未普遍认同良渚时期存在锯齿镰刀）
稀，美品

尺寸:137mm×10mm×52mm
重:105g

2-026
石锯齿镰刀
距齿较均等
为提高锋利度在另一面的锋口处打薄
罕，美品

锋口斜坡打薄痕迹

耘田器型石镰

尺寸:117mm×6mm×46mm
　　　127mm×8mm×48mm
　　　163mm×6mm×85mm
重:54g　73g　97g

2-027
耘田器形石镰（石耨或石锄）一组三枚
普，美品

尺寸:162mm×7mm×61mm
　　　110mm×3mm×42mm
　　　145mm×9mm×59mm
重:101g 24g 91g
2-028
耘田器形抓孔石镰（石锄）一组三枚
此类器型均较为精致
稀，美品

尺寸:142mm×7mm×57mm 孔径: 16mm
重:100g

2-029
耘田器形抓孔石镰（石锄）
稀，美品

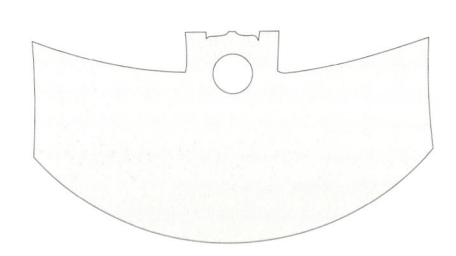

尺寸:155mm×5mm×81mm（缩小图）
2-030
玉质耘田器外形（故宫博物院藏）

尺寸:107mm×11mm×63mm
重:101g

2-031
耘田器形抓镰
普，美品

石刀

　　良渚文化期石刀均为打制及研磨而成，理论上讲不存在同样的石刀。因器型各异，故功能各异。命名上学者们众说纷纭，姑且以石刀概括。总体上器形扁薄，单面厚度均匀，有双面刃、开刃之分，根据生产需要有手持把和手抓用的功能性器型，也有较为高级、工艺较复杂的器型，如：开单孔、两孔、多孔，配套木柄使用。

尺寸:49mm×6mm×191mm
　　　48mm×7mm×158mm
重:122g 102g
2-032
双孔石刀（月牙刀）一组两枚
左为单面开刃，右为双面开刃
普，美品

尺寸:97mm×8mm×42mm
重:64g

2-033
石刀
扁平形
稀，美品

尺寸:90mm×6mm×26mm
重:29g

2-034
石刀
扁平形带把
稀，美品

尺寸:135mm×10mm×50mm
重:139g

2-035
石刀
双面开刃
稀，美品

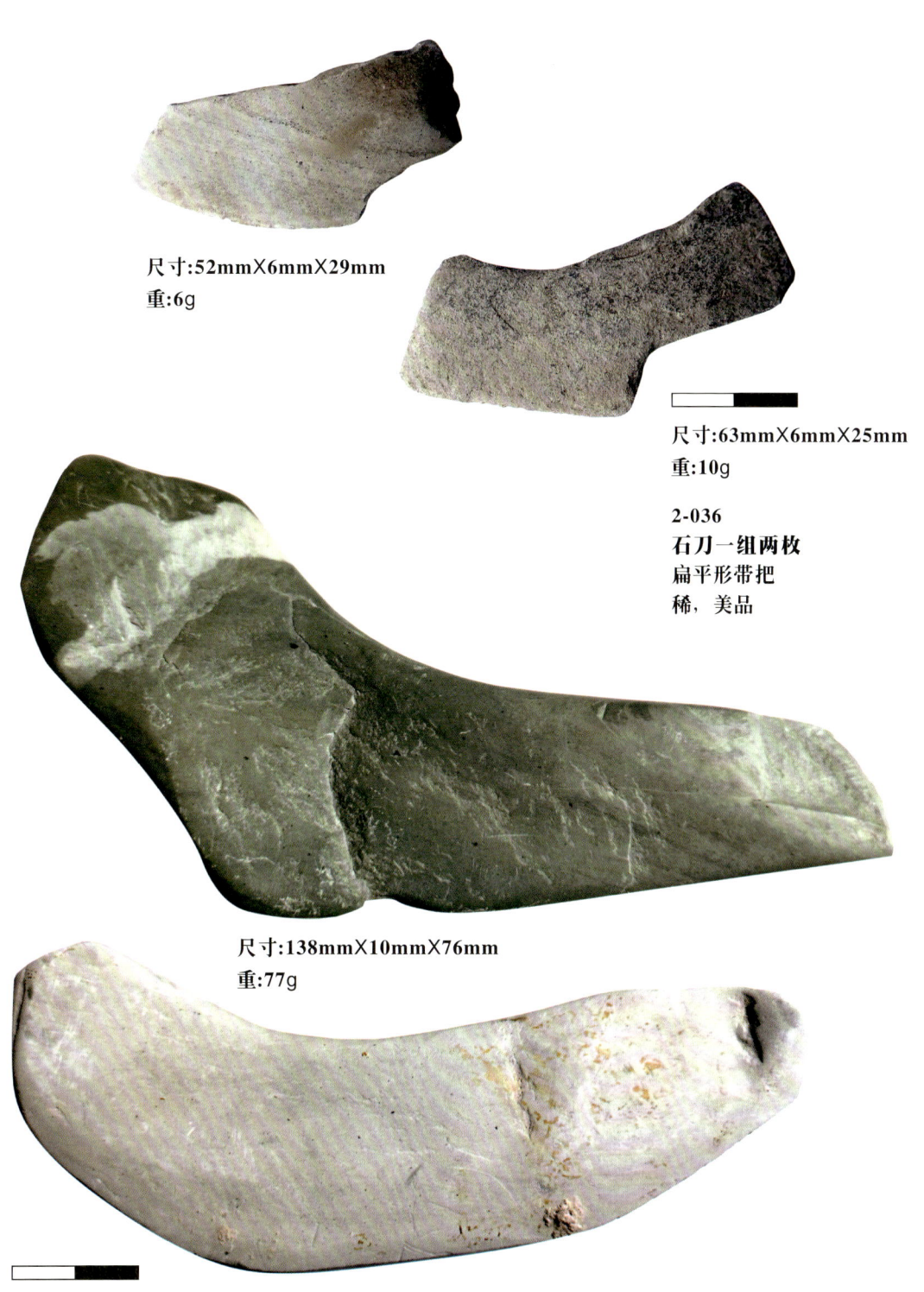

尺寸:52mm×6mm×29mm
重:6g

尺寸:63mm×6mm×25mm
重:10g

2-036
石刀一组两枚
扁平形带把
稀，美品

尺寸:138mm×10mm×76mm
重:77g

尺寸:126mm×10mm×50mm
重:74g

2-037
石刀一组两枚
稀，美品

尺寸:115mm×8mm×50mm
重:56g

2-038
石刀
带柄形
罕，美品

尺寸:108mm×8mm×48mm
重:49g

2-039
石刀
普，美品

尺寸:105mm×8mm×45mm
重:30g

2-040
石刀
带柄形
罕，美品

尺寸:63mm×6mm×22mm
重:13g

2-041
石刀
带柄形
稀，美品

尺寸:95mm×8mm×30mm
重:35g

2-042
石刀
带柄形
普，美品

尺寸:85mm×8mm×40mm
重:29g

2-043
石刀
普，真品

尺寸:55mm×6mm×50mm
重:11g

2-044
石刀
带柄形
稀，美品

尺寸:42mm×6mm×55mm
重:64g

2-045
石刀
带把形
稀，美品

尺寸:64mm×6mm×50mm
重:28g

2-046
石刀
带把形
稀，美品

尺寸:100mm×6mm×36mm
重:28g

2-047
石刀
带柄，钻孔
罕，美品

尺寸:78mm×9mm×40mm
重:41g

2-048
石刀
双面开刃
稀，美品

尺寸:72mm×7mm×40mm
重:28g

2-049
石刀
带把形，单面开锋
左图开锋，右图未开锋
为推测良渚文化期适应左手着力操作提供佐证
罕，美品

刀截面经过打磨处理

尺寸:85mm×8mm×120mm
重:114g

2-050
直柄石刀
长柄，握柄运用了人机工程学
普，美品

尺寸:85mm×10mm×120mm
重:114g

2-051
靴形石刀
柄上刻线纹饰
稀，美品

尺寸:56mm×7mm×87mm
重:38g

2-052
靴形石刀
柄上打孔
稀，美品
孔的功能，可能用于穿绳。
套于大拇指上配合手握，
适用于类似割皮的工作

尺寸:100mm×10mm×50mm
重:76g

2-053
石刀
单孔，三边开刃
含铁量高
为良渚文化期多种石质的运用提供了实物参照
稀，美品

金属物为磁铁

尺寸:124mm×11mm×77mm
重:251g

2-054
单孔石刀
呈横长方形，三边正锋开刃，刃面较宽，磨制较细
普，美品

尺寸:140mm×7mm×102mm
重:210g

2-055
单孔半孔石刀
基本正方形，三边正锋开刃，刃面较窄，磨制较细
在圆孔上方有半圆孔，起到固定之用
稀，美品

尺寸:168mm×8mm×100mm
重:294g

2-056
双孔双肩石刀
基本呈横凸长方形，凸出部分为卡槽口，榫卯结构于木柄
三面开刃，刃面较窄，磨制精细
罕，美品

尺寸:91mm×5mm×34mm
重:42g

2-057
双孔双开刃石刀
普，美品

尺寸:225mm×7mm×110mm
重:331g

2-058
双孔石刀
基本呈横长方形，一头宽一头窄
两端各有直径17mm的圆孔，两孔距88mm
正锋，单面开刃，刃面较宽。磨制粗糙
罕，美品

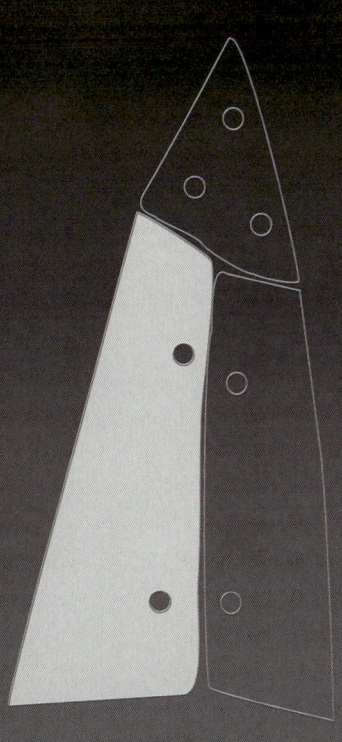

也有可能为分体石犁其中一片

尺寸：上图 117mm×5mm×51mm 下图 97mm×6mm×32mm
重：68g　22g

2-059
双孔石刀（月牙刀）一组两枚
普，美品

此类石刀有可能为收割用的爪镰
　　用绳子系在两孔之间，用食指套牢。采用合适的线长，使石器在手掌中灵活收、放，从而采摘果实或选择性收割农作物。在贵州省黔东南州黎平、从江、榕江一带侗寨村寨，至今还保存着传统的"禾晾存放"。糯禾收割后，人们将糯禾扎成一把把，挂在禾晾架上晾晒，直至晾干，然后收进禾仓。在良渚墓葬中常与陶纺轮叠放一起，显然有一定的密切关系，或许是与妇女劳作相关的工具。

尺寸:96mm×6mm×52mm
　　　94mm×5mm×49mm
重:55g　42g

2-060
双孔、单孔石刀（月牙刀）
双孔者上边较浅色包浆，
可能是因长期嵌在木柄
中而保存下来的石器
本色。可见此类刀存
在多用途的可能。基
本呈横长方形，横中线
部位最厚，背及刃部略薄，两孔对钻
普，美品

尺寸:104mm×6mm×45mm
重:49g

2-061
双孔石刀（月牙刀）
普，美品

此类石刀也可称为石庖丁①、石铚②。

① 森浩一：《图说日本の古代》第3卷
コメと金属の時代
縄文時代晚期～弥生時代，1989年11月20日初版発行
発行者：嶋中鵬二
発行所：中央公論社。

② 林华东：《良渚文化研究》，杭州：浙江教育出版社，1998年。

各地发现的双孔石刀（月牙刀）（石铚）

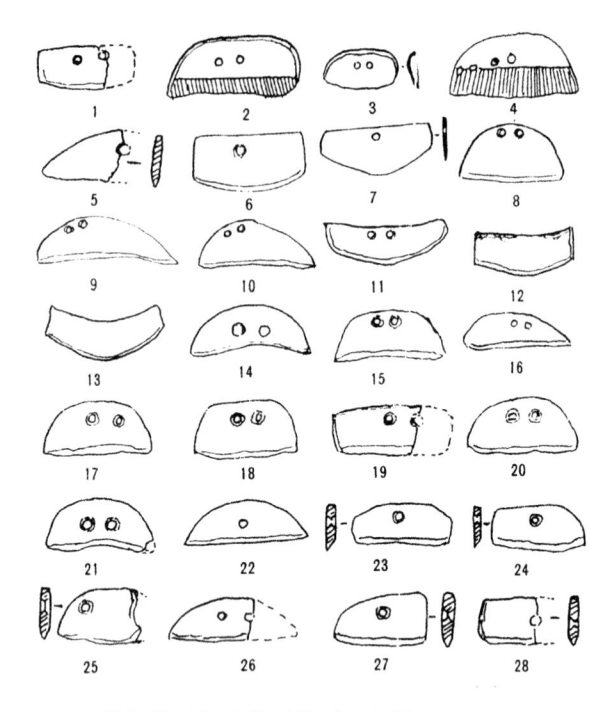

长江下游和黄河流域发现的石铚和铜铚

1. 浙江河姆渡遗址出土
2. 江苏苏州出土铜铚
3. 浙江东阳出土铜铚
4. 上海博物馆藏铜铚
5. 浙江嘉兴双桥遗址出土
6. 浙江杭州水田畈遗址出土
7. 江苏常熟三条桥遗址出土
8-11. 浙江钱山漾遗址出土
12. 江苏昆山绰墩遗址出土
13. 江苏武进寺墩遗址出土
14. 山东城子崖遗址出土
15. 山东海阳司马台遗址出土
16. 山东日照尧王城出土
17-19. 山东安丘老峒峪出土
20-21. 山东平度岳石村遗址出土
22. 河南渑池河出土
23-24. 河南密县新砦遗址出土
25. 山西芮城遗址出土
26. 甘肃民勤黄蒿井出土
27-28. 河南郑州南关外遗址出土

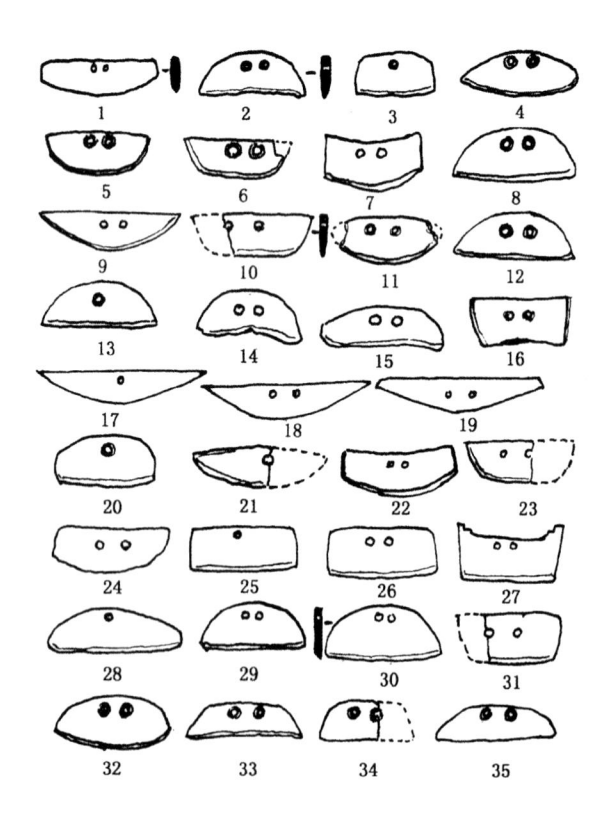

华北、东北和江西出土的石铚

1-2. 河北承德地区
3. 河北张家口崇礼石嘴子
4. 辽宁亮甲店望海埚
5-6. 辽宁旅顺羊头洼
7-9. 辽宁彰武平安堡
10-13. 辽宁长兴岛三堂村
14-15. 内蒙古赤峰红山后
16. 陕西长安（西周）
17. 吉林市骚达沟
18. 吉林永吉星星哨水库
19. 吉林市西团山
20. 河南陕县庙底沟
21. 吉林德惠县大青嘴
22. 吉林双阳县五家子
23. 河北蔚县筛子绫罗
24. 辽宁康平县镇郊
25-26. 江西清江营盘里
27. 江西修水县凌源
28. 江西修水县彭家坳
29. 江西修水县跑马岭
30. 江西修水县家坪
31. 江西清江筑卫城下层
32-35. 内蒙古巴林右旗那斯台

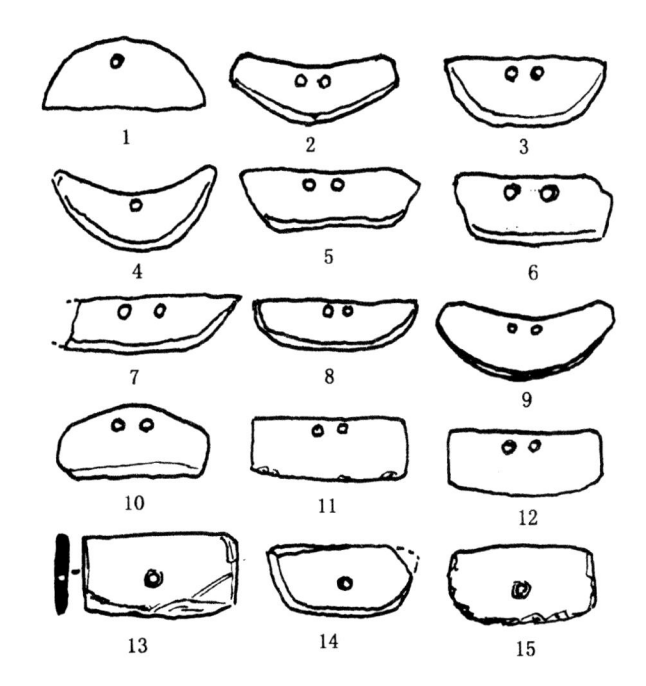

1.湖北随县泰山庙
2-4.云南大理1939年出土
5-8.云南省博物馆藏品
9-12.印度布鲁扎霍姆1、2期出土
13-15.甘肃镇原县常山遗址下层出土

湖北、云南、甘肃和印度等地发现的石铚

在湖南以及湖北的随县泰山庙遗址，甚至四川西昌礼州，也偶见有长方形和半月形石刀。不过，其时代已相当于中原地区的商周之时了

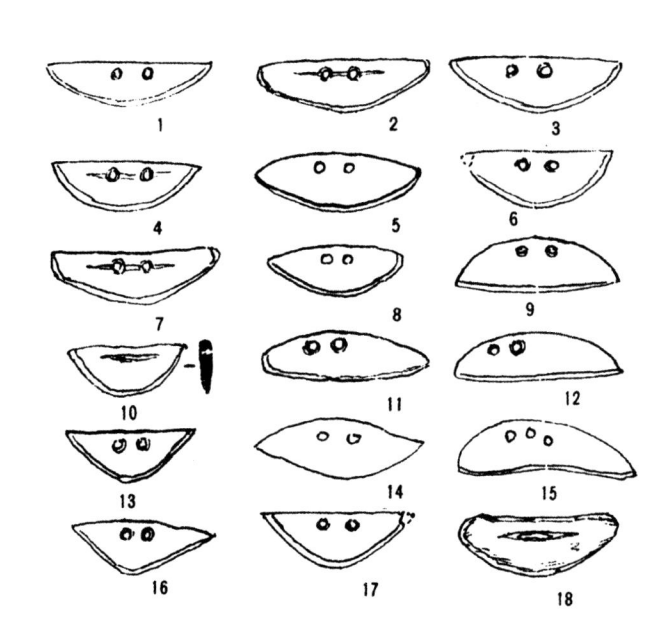

1.大同江下游出土
2.汉江下游出土
3.庆州盆地出土
4.庆尚南道三千浦市竹林洞出土
5-6.扶余郡松菊里出土
7-8.庆尚北道蔚山郡兵营出土
9.骊州欣岩里出土
10.大阪市立博物馆藏品
11.北九州仁昌里采集
12.福冈市内出土
13、15.佐贺县吉野ケ里出土
14.福冈须玖出土
16-17.奈良唐古出土
18.佐贺县唐津市菜烟出土

朝鲜半岛和日本出土的石铚（石庖丁）

引：林华东：《良渚文化研究》，杭州：浙江教育出版社，1998年。

战国（越国）青铜农具

战国（越国）青铜农具一组（缩小图）
良渚石器器型对后世器型的影响

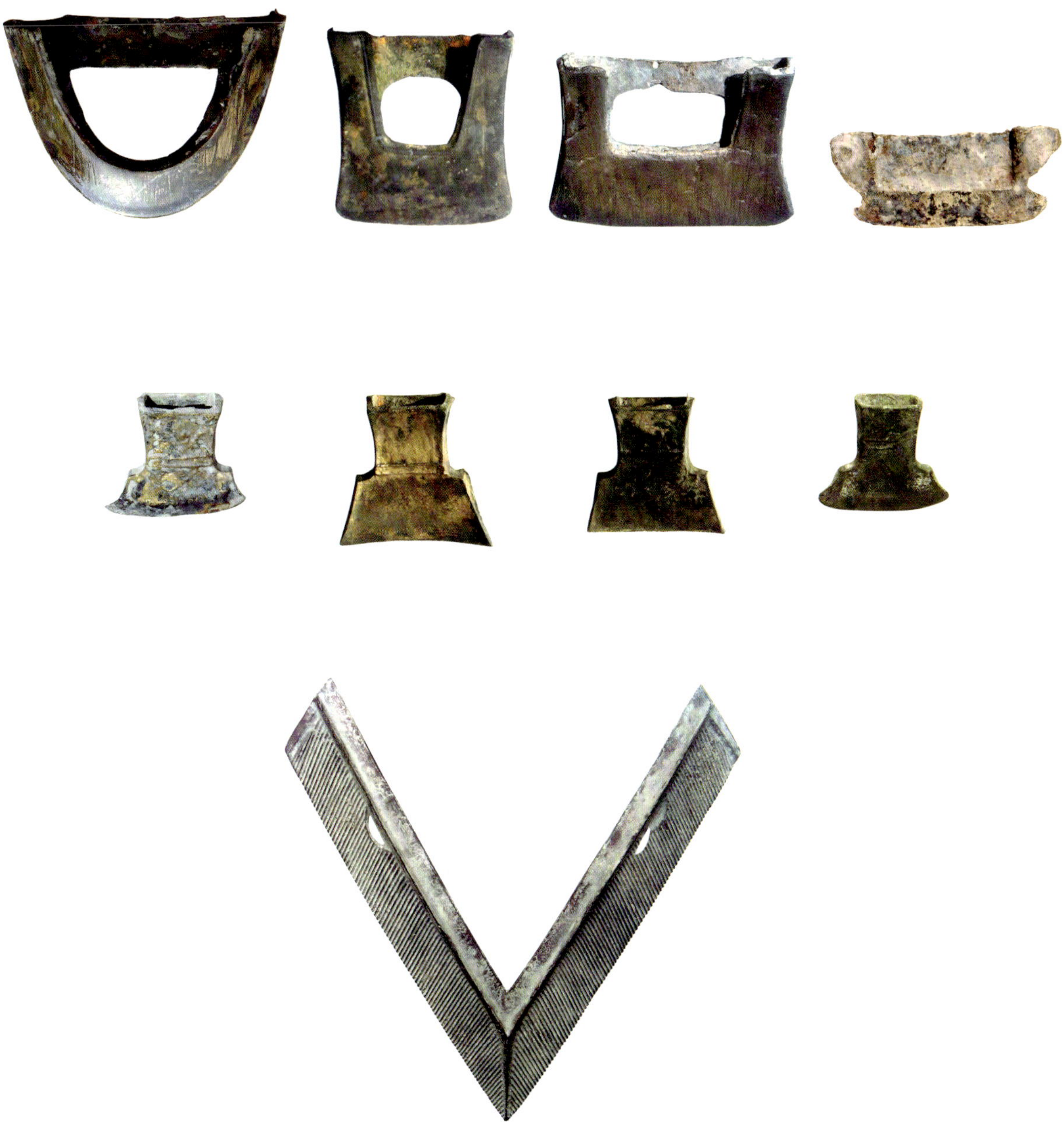

战国（越国）青铜农具一组（缩小图）

良渚石器器型对后世器型的影响

铜耨刀是一种稻田中用来铲削杂草及茎秆耨田以及砍削杂草、整地的复合式农具

汉代铁农具

汉代 铁农具一组（缩小图）
良渚石器器型对后世器型的影响

090

汉代 铁农具一组（缩小图）

良渚石器器型对后世器型的影响

叁 渔猎用器

角质鱼钩 原大

尺寸:8mm×2mm×17mm 重:0.17g

如此细小的鱼钩出自良渚先民之手

可见当时的生活要添个荤菜是小意思

石网坠

　　良渚文化网坠有陶质、石质两类。其中陶质较为普遍，陶质的网坠又分为正式陶烧和破残陶片修改利用两种。石质的有天然砾石制作，也有打磨而成。形状呈扁细长形或圆细长形，两头有系绳缺口，大小不等。良渚文化期鱼网因纤维材质难以保存，至今未发现网和网坠能完美衔接的标本。推测网坠挂于鱼网底部，撒网捕鱼。由于生产力不足和以个体劳作为主，用麻织网、网罟之类的工具捕捉鱼虾等就成了改善伙食以及补充动物蛋白的重要来源。环太湖一带水生动物丰富，考古资料至今未曾发现有玉质渔业生产工具，但骨质鱼钩、骨质和石质鱼镖以及石质和陶质网坠发现较多。推测良渚文化期已有专门的渔业人员，属农作第一生产力，以鱼换物或供给上层组织所需。

最大枚尺寸:18mm×10mm×67mm
重:23g
3-001
石网坠大小一组
稀，美品

最大枚尺寸:21mm×10mm×47mm
重:11g
3-002
石网坠大小一组
稀，美品

3-003
良渚文化土层的石镞和碳化植物
长期滋润在良渚文化层淤泥中的石镞，经现代生产、建设清淤，从而得以重见天日，再获新生。
石镞为狩猎和征战用具。需要结合箭杆和弹弓使用，方可狩兽、猎禽、武战。
精致石镞，在黑陶文化层之上[1]。

---

[1] 施昕更：《良渚》(杭县第二区黑陶文化遗址初步报告)，浙江省教育厅出版，1938年6月。

石镞

良渚石镞品类众多，如：有锋有铤、有锋无铤，有脊线、无脊线差别。锋尖基本由几面砍削打磨成锥尖形，双翼对称度普遍都较好。已充分掌握了对称美学和实际使用的空气动力学原理。锋部截面呈长菱形，铤部截面呈圆形，狭刃锋利。有薄匕式、三棱式、圆锥式、柳叶式等。在少许的镞尾发现有红、褐、黑色残留物，推测为大漆树胶类残留，和箭杆粘合起到胶水的作用。石镞的主要作用为捕猎较大的猎物如鹿类，以摄取动物蛋白，以及作为部落冲突时的武器装备。

尺寸:19mm×8mm×44mm
重:8g

3-004
石镞
普，美品

尺寸:21mm×8mm×62mm
重:18g

3-005
石镞
稀，残件

尺寸:24mm×8mm×80mm
重:21g

3-006
石镞
普，美品

尺寸:22mm×7mm×89mm
重:24g

3-007
石镞
普，美品

尺寸:16mm×8mm×84mm
重:12g

3-008
石镞
稀，美品

尺寸:22mm×7mm×87mm
重:21g

3-009
石镞
普，美品

尺寸:17mm×7mm×82mm
重:15g

3-011
石镞
稀，美品

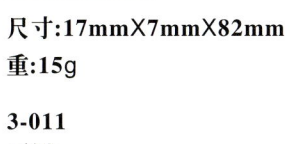

尺寸:21mm×7mm×87mm
　　　20mm×12mm×108mm
重:12g　32g

3-010
石镞
普，美品

此组石镞特征：镞身截面为菱形，尾部残留有粘合物，估计为大漆

尺寸:19mm×8mm×90mm
重:11g

3-012
石镞
菱形带铤
罕，美品

尺寸:11mm×7mm×79mm
重:7g

3-013
石镞
刻有线纹
罕，美品

尺寸:21mm×10mm×103mm
　　　22mm×9mm×94mm
重:26g　20g

3-014
石镞
镞身截面为菱形
稀，左枚残件，右枚美品

尺寸:14mm×10mm×73mm
重:11g

3-015
石镞
镞身截面为菱形、带铤普，美品

尺寸:21mm×9mm×90mm
重:13g

3-016
石镞
镞身截面为菱形、带铤普，美品

尺寸:15mm×10mm×78mm
重:8g

3-017
石镞
镞身截面为菱形、带铤普，美品

3-018
石箭镞局部
打磨较细和较粗款对比

尺寸:14mm×3mm×31mm
重:3g

3-019
石镞
两面均为平面
稀，残件

尺寸:18mm×8mm×47mm
重:7g

3-020
石镞
镞身截面为菱形、带铤
稀，美品

尺寸:20mm×6mm×42mm
重:6g

3-021
石镞
多面形
稀，美品

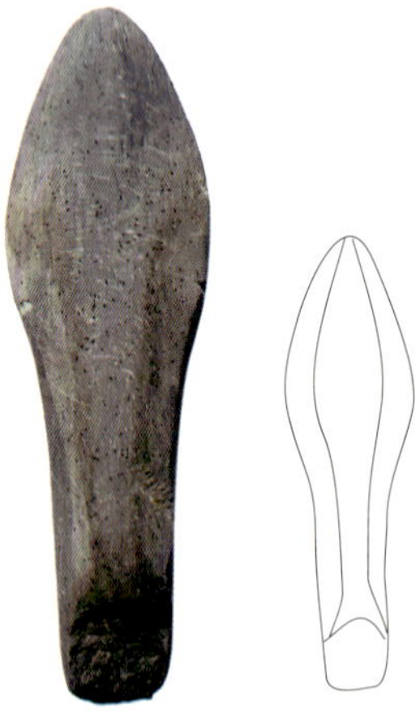

尺寸:17mm×6mm×57mm
重:10g

3-022
石镞
多面形
稀，美品

尺寸:16mm×8mm×62mm
重:8g

3-023
石镞
多面形
稀，残件

尺寸:15mm×8mm×42mm
　　　24mm×10mm×68mm
重:5g 11g

3-024
石镞
多面形
稀，美品

102

尺寸:14mm×8mm×52mm
重:5g

3-025
石镞
镞身截面为菱形，带铤
普，美品

尺寸:7mm×8mm×62mm
重:6g

3-026
石镞
柳叶形
普，美品

尺寸:21mm×8mm×62mm
重:8g

3-027
石镞
桂叶形
稀，美品

尺寸:16mm×8mm×68mm
重:8g

3-028
石镞
倒锋
罕，美品

尺寸:27mm×7mm×90mm
　　26mm×7mm×85mm
重:12g 15g

3-029
石镞
左金属包浆
稀，美品

尺寸:16mm×8mm×70mm
重:9g

3-030
石镞
倒锋
罕，美品

103

尺寸:17mm×8mm×62mm
重:11g

3-031
石镞
稀，美品

尺寸:18mm×7mm×69mm
重:10g

3-032
石镞
普，美品

尺寸:9mm×8mm×73mm
重:9g

3-033
石镞
普，美品

尺寸:17mm×8mm×78mm
重:12g

3-034
石镞
普，美品

尺寸:16mm×8mm×81mm
重:13g

3-035
石镞
普，美品

尺寸:15mm×7mm×74mm
重:9g

3-036
石镞
普，美品

尺寸:15mm×8mm×73mm
重:6g

3-037
石镞
稀，美品

尺寸:18mm×8mm×66mm
重:7g

3-038
石镞
稀，美品

尺寸:14mm×7mm×46mm
重:4g

3-039
石镞
稀，美品

尺寸:17mm×8mm×48mm
重:6g

3-040
石镞
稀，美品

尺寸:15mm×8mm×51mm
重:7g

3-041
石镞
稀，美品

此组石镞为柳叶形，截面为菱形

尺寸:15mm×8mm×75mm　15mm×7mm×80mm　14mm×8mm×73mm
　　　17mm×8mm×70mm　21mm×8mm×82mm　17mm×8mm×92mm
重:11g　8g　8g　8g　11g　14g

3-042
石镞一组6枚
普，美品

105

尺寸:11mm×10mm×80mm
重:11g

3-043
石镞
三面形，背平两斜面
稀，美品

尺寸:12mm×8mm×52mm
重:7g

3-044
石镞
三面形，背平两斜面
稀，美品

尺寸:11mm×8mm×62mm
重:8g

3-046
石镞
三面形，背平两斜面，带铤
型同汉代青铜镞
稀，美品

尺寸:13mm×7mm×66mm
重:7g

3-045
石镞
截面为三角形
稀，美品

此组石镞为微起脊，身铤明显

尺寸:16mm×8mm×75mm
　　　21mm×7mm×110mm
　　　21mm×8mm×103mm
　　　15mm×7mm×86mm
重:8g 28g 26g 14g（按镞尖高低）

3-047
石镞一组
身、铤明显
普，美品

尺寸:18mm×8mm×62mm
　　　22mm×10mm×68mm
　　　20mm×7mm×64mm
重:9g 15g 10g

3-048
石镞一组三枚
身、铤明显
普，美品

打磨痕迹

尺寸:21mm×7mm×72mm
重:15g

3-049
石镞
此镞疑是镞尖受损后再次磨用
普，美品

107

尺寸:16mm×5mm×41mm
重:3g

3-050
石镞
稀，美品

尺寸:18mm×6mm×48mm
重:4g

3-051
石镞
稀，美品

尺寸:19mm×8mm×56mm
重:7g

3-052
石镞
普，美品

尺寸:15mm×7mm×62mm
重:5g

3-053
石镞
普，美品

尺寸:20mm×6mm×94mm
重:11g

3-054
石镞
普，美品

尺寸:19mm×10mm×91mm
重:17g

3-055
石镞
稀，美品

尺寸:19mm×8mm×90mm
重:13g

3-056
石镞
普，美品

尺寸:15mm×11mm×69mm
重:10g

3-057
石镞
截面为方形
罕，美品

尺寸:21mm×11mm×63mm
　　　21mm×10mm×45mm
重:11g 10g

3-058
石镞两枚
普，美品

尺寸:20mm×12mm×72mm
重:14g

3-059
石镞
普，美品

尺寸:17mm×9mm×71mm
重:11g

3-060
石镞
普，美品

尺寸:8mm×9mm×73mm
重:11g

3-061
石镞
普，美品

尺寸:25mm×5mm×78mm
重:11g

3-062
石镞
稀，美品

尺寸:21mm×9mm×67mm
重:8g

3-063
石镞
普，美品

尺寸:22mm×6mm×62mm
重:7g

3-064
石镞
稀，美品

尺寸:14mm×6mm×41mm
　　　20mm×5mm×61mm
　　　21mm×5mm×88mm
重:4g　6g　10g

3-065
石镞三枚
形制较为特殊
稀，美品

尺寸:21mm×7mm×58mm
重:6g

3-067
石镞
截面为菱形
稀，美品

尺寸:22mm×9mm×95mm
重:17g

3-066
石镞
身、铤两节矛式，截面为菱形
稀，残件

尺寸:21mm×6mm×60mm
重:9g

3-068
石镞
束腰卡口四面菱形
普，美品

尺寸:18mm×5mm×42mm
重:5g

3-069
石镞
四面菱形
稀，美品

尺寸:19mm×10mm×64mm
重:11g

3-070
石镞
四面菱形，打磨成圆收尾
稀，美品

尺寸:18mm×5mm×57mm
重:9g

3-071
石镞
束腰卡口四面菱形
稀，美品

尺寸:23mm×5mm×60mm
重:8g

3-072
石镞
四面菱形
稀，美品

石鱼镖

在良渚石镞中有双翼器型的发现，截面为菱形。结合良渚文化遗址曾有零星发现的"石质鱼镖"报道，经对比遗物器型，此组石镞估计具有鱼镖之功能。在江苏吴江龙南遗址第一、二次发掘时，就出土过较多的石鱼镖和骨鱼镖，第三、四次发掘时，又发现了两件石鱼镖，但制作均较粗糙[1]。

---

[1] 苏州博物馆、吴江县文物管理委员会：《江苏吴江龙南新石器时代村落遗址第一、二次发掘简报》，《文物》1990年第7期。

尺寸:47mm×9mm×82mm　30mm×7mm×58mm
　　　30mm×4mm×49mm　30mm×6mm×50mm
重:31g　11g　7g　10g

3-073
石鱼镖 一组四枚
双翼形，截面为菱形
稀，美品

尺寸:26mm×7mm×76mm	尺寸:35mm×9mm×82mm	尺寸:29mm×10mm×62mm
重:8g	重:30g	重:13g
3-074	3-075	3-076
石鱼镖	**石鱼镖**	**石鱼镖**
双翼形，截面为菱形	截面为菱形	截面为菱形
罕，美品	稀，美品	稀，美品

战国 青铜镞

战国 青铜镞一组（缩小图）
良渚石镞器型对后世器型的影响

石球

石球的材质坚硬，上端开有3孔、4孔，可栓绳，用于攻击后拉回。石器时代皮草是最主要的御寒品，良渚先民为了保留动物毛皮的完整性，或许采用了除射箭之外的猎杀方式。部分底部有凹坑使用痕迹，估计可用于砸开坚果。

京杭运河流域清淤也会出现此类形状石球，两孔者居多，也有三孔者，为宋代之物，其具体作用为网坠。推测良渚时期已有多人协助作业，拉网围捕的捕鱼方式产生。

石球底部

尺寸:直径62mm 高62mm
　　直径55mm 高65mm
重:400g　500g
3-077
石球一对
稀，美品

注：此类器型有学者断代为商周时期，由于参考资料不足，暂按良渚文化期归类，望读者们进一步断代。

尺寸:直径45mm 高70mm
重:400g

3-078
石球 半只
稀，残件

尺寸:直径70mm 高42mm
重:295g

3-079
石球 扁平形
普，美品

尺寸:直径62mm 高67mm
重:450g

3-080
石球
稀，美品

尺寸:直径70mm 高70mm
重:530g

3-081
石球 无系孔 崧泽文化中晚期（凌家滩时代）
为良渚时期的石球具体作用提供参考
稀，美品

石权

良渚石权是否存在还有待商榷，从崧泽文化期看有这器型，穿孔处有明显挂绳使用磨损，显然是常用品，具体作用有待进一步研究。暂且定为石权型器。对文化期进行横向对比，巧的是夏家店文化期也有类似器型，重量和尺寸都相仿。在文化期是否存在度量衡有待学者们考证。

战国铜权和汉代铁权

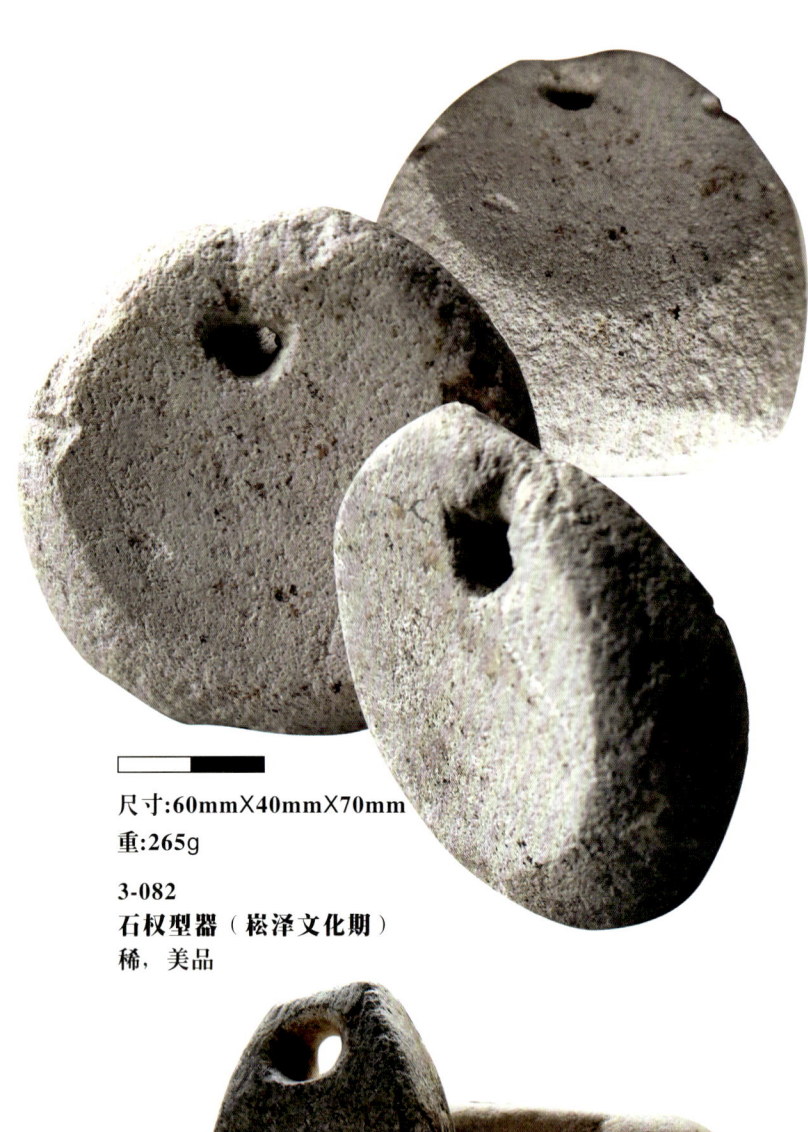

尺寸:60mm×40mm×70mm
重:265g

3-082
石权型器（崧泽文化期）
稀，美品

尺寸:32mm×25mm×55mm
　　　42mm×12mm×63mm
重:96g　65g
3-083
滑石质权型器（夏家店文化期）两枚
稀，美品

石杵

石杵的材质坚硬，有较高的含铁量。两端砸痕较为明显。整体呈三面形圆柱，一面较平，另外两面较陡，没有棱角，适合手握。出力面上有较多的线割（磨）或线具使用痕迹，可能是拉绳的垫线石，具体用途还有待进一步研究。

尺寸:55mm×41mm×132mm
重:620g

3-084
石棒
稀，美品

石磨盘

上山文化期
嵊州市文物管理处藏

距今约一万年前的石磨盘，出土于浙江嵊州小黄山遗址。小黄山遗址属上山文化，是目前浙江地区最早的新石器文化。上山文化遗址中出土了多件石磨盘，通常与磨石或磨棒成套出土。古人用石磨盘将橡子、栗子等磨成粉，再做成食物，大概就是当时人们的一道主食。此文编写过程中良渚文化期的磨盘资料暂缺，故以此代替。

肆 手工业器

尺寸:42mm×28mm×115mm
重:306g

4-001
石斧 带孔
此器型在良渚文化期发现甚少，而红山文化期则普遍存在，此器暂参照红山文化，按斧归属罕，美品

石斧

斧与钺相比区别在于钺的刃部比斧宽阔，弧曲度更大，刃端两角微微上翘，有的还接近半月形的样式。由于石钺器身扁平，刃部宽阔，显然不太适合砍伐或用于农作，表明它已经从一般工具中分离出来。良渚时期石斧是重要的砍伐工具或武器，一般都安柄使用。石斧一般为扁圆柱体、厚重、双刃。石斧在跨湖桥遗址中曾有大量发现。

尺寸:58mm×36mm×97mm
重:620g
4-002
石斧 含铁量高
稀，美品

尺寸:右21mm×22mm×95mm
重:87g

4-003
石斧或研磨棒一组两枚
天然形，简单打磨
普，美品

尺寸:45mm×30mm×115mm
重:389g

4-004
石斧 天然形，未经打磨
普，美品

尺寸:32mm×30mm×72mm
重:106g
4-005
石斧 天然形，简单打磨
可能为石斧坯料，先民磨制石器之前，先把原石打制成粗坯，再琢坯成形，磨成石器，省时省力
普，美品

　　斧类石器中石斧为最多，形式大小不一。无孔，岩质较为简单，分硅化石灰岩、燧石石灰岩、石英安山岩三种，为实用利器，用以斫劈，器形皆左右对称，有磨琢较精致的，但以粗朴的居多[1]。

---
[1] 施昕更:《良渚》(杭县第二区黑陶文化遗址初步报告)，浙江省教育厅出版，1938年6月。

尺寸:46mm×36mm×142mm
重:550g
4-006
石斧或研磨棒
天然形，简单打磨
普，美品

尺寸:63mm×28mm×103mm

重:470g

4-007
石斧　含铁量高
稀，美品

尺寸:55mm×20mm×103mm

重:312g

4-008
石斧　含铁量高
稀，美品

尺寸:70mm×33mm×115mm
重:650g

4-009
石斧　含铁量高
稀，美品

尺寸:52mm×26mm×92mm
重:274g

4-010
石斧
在少许斧的顶端发现有褐、黑色残留物，估计是漆器上使用的大漆、树胶类，起到胶水之用，使之不易脱离木柄
稀，美品

研磨石

下图尺寸:192mm×79mm×60mm
重:650g

4-011
研磨石一对
使用痕迹明显,可能用于研磨食品
普,美品

126

石凿

质地较硬、刃口有圆弧形、直边形。锋坡陡，用于加工制作木器、骨器等开榫卯用。具备石锛的某些功能，也可属石锛范畴。

尺寸:6mm×6mm×15mm
重:1.2g

4-012
石凿 特小型
玻璃光包浆
稀，美品

尺寸:12mm×8mm×27mm
重:6g

4-013
石凿
稀，美品

尺寸:14mm×4mm×27mm
重:4g

4-014
石凿
普，美品

尺寸:10mm×5mm×30mm
重:2.5g

4-015
石凿
稀，美品

尺寸：11mm×10mm×48mm　　9mm×8mm×59mm
　　　13mm×9mm×58mm
重:10g　7g　16g

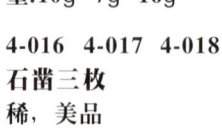

4-016　4-017　4-018
石凿三枚
稀，美品

128

尺寸:14mm×11mm×58mm
重:19g

4-019
石凿
稀，美品

尺寸:12mm×8mm×59mm
重:7g

4-020
石凿
稀，美品

尺寸:21mm×17mm×51mm
重:35g

4-021
石凿
普，美品

尺寸:28mm×11mm×56mm
重:22g

4-022
石凿
普，美品

尺寸:14mm×14mm×61mm
重:26g

4-023
石凿
普，美品

尺寸:17mm×16mm×58mm
重:34g

4-024
石凿
稀，美品

尺寸:17mm×10mm×40mm
重:14g

4-025
石凿
普，美品

尺寸:20mm×9mm×52mm
重:18g

4-026
石凿
普，美品

尺寸:8mm×11mm×62mm
重:14g

4-027
石凿
普，美品

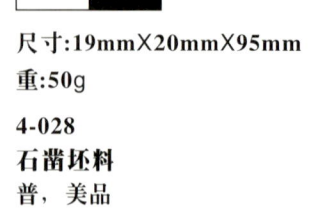

尺寸:19mm×20mm×95mm
重:50g

4-028
石凿坯料
普，美品

尺寸:21mm×16mm×87mm
重:46g

4-029
石凿坯料
普，美品

尺寸:20mm×11mm×91mm
重:33g

4-030
有段三角石凿
珍，美品

尺寸:22mm×19mm×108mm
　　　27mm×14mm×102mm
重:101g　89g

4-031
石凿一对
罕，美品

尺寸:27mm×7mm×128mm
　　　19mm×8mm×62mm
重:62g　19g
4-032
石凿一对
普，美品

尺寸:21mm×12mm×66mm
重:25g
4-033
石凿
稀，美品

尺寸:20mm×25mm×117mm
重:121g
4-034
石凿
筥溪沙坑形成的黑色
玻璃光包浆
稀，美品

尺寸:30mm×8mm×108mm
　　　24mm×5mm×62mm
重:58g　14g
4-035
石凿一对
稀，美品

尺寸:16mm×17mm×63mm
重:34g

4-036
石凿 玻璃光包浆
稀，美品

尺寸:21mm×19mm×74mm
重:55g

4-037
石凿
普，美品

尺寸:14mm×13mm×83mm
重:34g

4-039
石凿
稀，美品

尺寸:20mm×10mm×72mm
重:32g

4-038
石凿 玻璃光包浆
稀，美品

尺寸:33mm×23mm×87mm
重:155g

4-040
石凿
普，美品

尺寸:24mm×11mm×67mm
重:38g

4-042
石凿
普，美品

尺寸:34mm×40mm×85mm
重:242g

4-044
石凿
普，美品

尺寸:22mm×16mm×130mm
重:100g

4-041
石凿
罕，美品

尺寸:30mm×30mm×170mm
重:100g

4-043
石凿 崧泽文化期中晚期（凌家滩时代）
崧泽文化期特点：前刃部正面都偏方直形
普，美品

尺寸:50mm×15mm×90mm

重:180g

4-046

石凿

普，美品

尺寸:65mm×28mm×150mm

重:600g

4-045

石凿

普，美品

尺寸: 48mm×21mm×75mm
　　　43mm×27mm×82mm
　　　35mm×49mm×155mm
重:154g　175g　650g

4-047
石凿一组三枚
普，美品

尺寸:35mm×24mm×100mm
重:198g

4-048
石凿
普,美品

尺寸:38mm×37mm×140mm
重:451g

4-049
石凿
稀,美品

尺寸:52mm×28mm×108mm
重:318g

4-050
石凿
普，美品

尺寸:40mm×28mm×130mm
　　　29mm×27mm×94mm
重:344g　170g

4-051
石凿一对
普，美品

石楔

是纵裂剖裁原木、制作板材的古代木作工具。使用时是沿拟断线并列加楔，即在原木上顺纵向木质纤维的劈裂线，每隔一定距离打入一楔，使原木出现通缝；经不断地打深石楔和改用更长更厚的楔具，直至原木完全裂开①。

① 杨鸿勋：《论石楔及石扁铲》，《文物与考古论集》，北京：文物出版社，1986年。

尺寸:40mm×35mm×95mm
重:289g

4-052
石楔
普，美品

尺寸:30mm×30mm×83mm
重:152g

4-053
石楔
普，美品

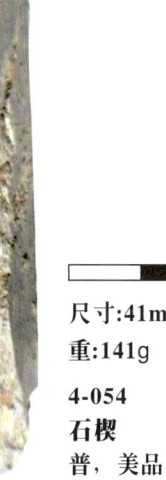

尺寸:41mm×20mm×80mm
重:141g

4-054
石楔
普，美品

石锛系列

尺寸:直径60mm 长350mm
重:385g

4-055
石锛木柄
此柄为石锛的手抓木柄
石锛已脱落
珍,美品

未经脱水而沉于水底的木柄

已脱水的状貌 浙江省博物馆馆藏

石锛本身不具备单独使用功能，得借助木柄，凭木柄做传力。如同铁榔头得配上合适的木柄方可使用，提升爆发力。

　　配套使用的方法基本上有三种：

　　1. 石锛插装在木柄距顶端 5 厘米处，用于重粗活：砍伐、开采，甚至作为暴力工具使用。曾有出土发现新石器期人骨里嵌着石锛。

　　2. 石锛插装在木柄居中处，用于刨树、打磨等细致活。功能和现代的木工刨子相当。

　　3. 石锛垂直插装在木柄顶端处。用于直剁、制造榫卯结构、做撬开工具，等等，功能和现代的木工凿、起子相当。

1　　2　　3

石锛类型

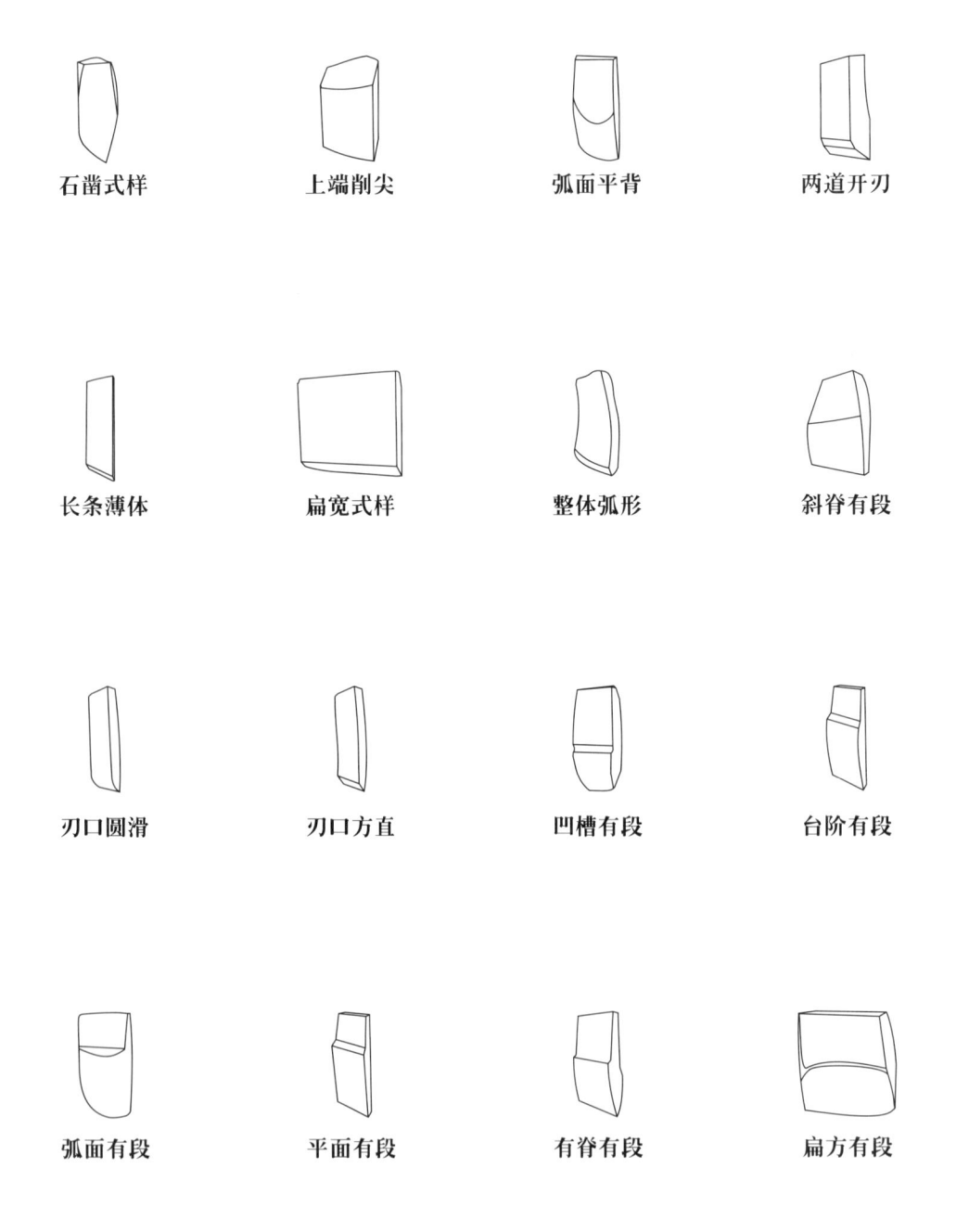

石凿式样　　上端削尖　　弧面平背　　两道开刃

长条薄体　　扁宽式样　　整体弧形　　斜脊有段

刃口圆滑　　刃口方直　　凹槽有段　　台阶有段

弧面有段　　平面有段　　有脊有段　　扁方有段

何谓石锛

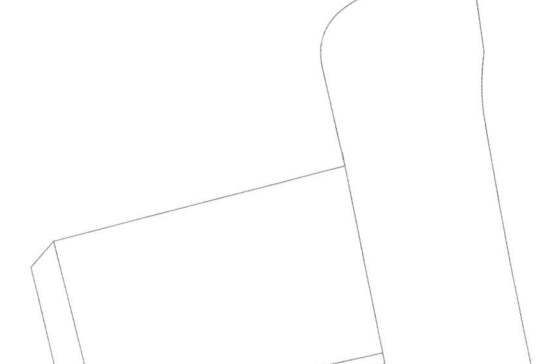

石锛的一般介绍为,"石制的平头斧"。

郭沫若《中国史稿》第一编第二章第三节讲到:"当时(原始社会、母系氏族社会时期)已知道用石斧、石锛、石凿以及烤烧的办法加工木料,制成各种器具。"

石锛是史前常见石器,也是最早发明的打制工具。石锛的发现几乎伴随着文明史的诞生和发展。石锛在河姆渡文化遗址已有较多的发现。良渚时期的石锛不是首创,而是传承了旧石器以来的历代改良,以适宜于各种场合的运用。石锛主要用于伐木、开榫卯结构、屠宰、揉皮等。大活、粗活用大石锛,精细活用小石锛。石锛单体本身很难发力,得配套合适的木柄传力。

石锛破损后可以继续磨刃或改制成更小型的石锛继续使用。

石锛的质地基本上以沉积岩为主,其中砂岩占少数,泥质岩较多,硅质岩最多。

石锛假设起刃的一面为"正面",不起刃的一面则"背面",石锛的正面多为平面,少数也有弧度形状。而背面则存在较大形态差异,有平面、有弧形,大致的形状有:上端削尖、弧面平背、方形直桶、长方直桶;

长条薄体(厚体)、扁宽式样;

整体弧形、整体方直;

刃口圆滑、刃口方直;

上长下短、上短下长;

弧面有段、平面有段;

长形有段、扁方有段等。

何谓良渚石锛?良渚文化期手工业者最主要的生产工具。

直桶石锛

尺寸:14mm×4mm×18mm
重:2g

4-056
石锛
稀，美品

尺寸:18mm×6mm×33mm
重:7g

4-057
石锛 玻璃光包浆
稀，美品

尺寸:22mm×5mm×37mm
重:8g

4-058
石锛
普，美品

尺寸:22mm×5mm×44mm
重:12g

4-059
石锛 玻璃光包浆
稀，美品

尺寸:49mm×9mm×43mm
重:46g

4-060
石锛 玻璃光包浆
稀，美品

尺寸:28mm×10mm×48mm
重:26g

4-061
石锛
普，美品

尺寸:22mm×11mm×43mm
重:21g

4-062
石锛
普，美品

尺寸:23mm×8mm×44mm
重:16g

4-063
石锛
普，美品

尺寸:19mm×8mm×52mm
重:14g

4-064
石锛
普，美品

尺寸:25mm×22mm×82mm
重:103g

4-065
石锛
普，美品

尺寸:25mm×10mm×72mm
重:38g

4-066
石锛
稀，美品

尺寸:40mm×12mm×86mm
重:99g

4-067
石锛 玻璃光包浆
普，美品

尺寸:37mm×15mm×43mm
重:41g

4-068
石锛
普，美品

尺寸:30mm×11mm×44mm
重:31g

4-069
石锛
普，美品

尺寸:41mm×14mm×90mm
重:137g

1-071
石锛
笤溪沙坑形成的黑色玻璃光包浆
罕，美品

尺寸:35mm×9mm×49mm
重:34g

4-070
石锛
普，美品

尺寸:22mm×6mm×50mm
重:14g

4-072
石锛 玻璃光包浆
普，美品

尺寸:32mm×10mm×52mm
重:35g

4-073
石锛 顶端斜削
稀，美品

尺寸:26mm×10mm×48mm
重:27g

4-074
石锛
普，美品

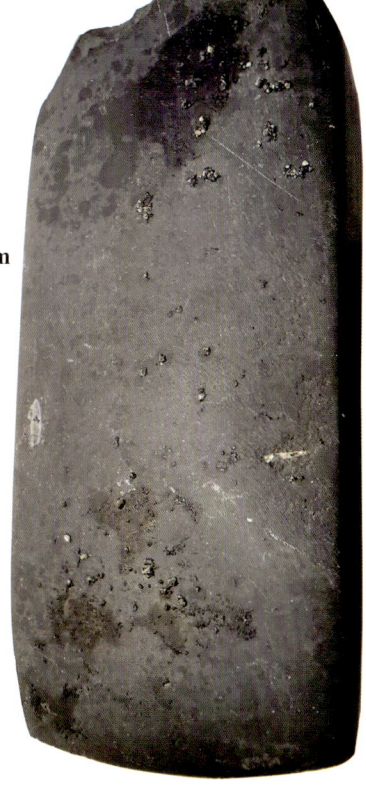

尺寸:48mm×15mm×106mm
重:200g

4-076
石锛
笤溪沙坑形成的黑色玻璃光包浆
罕，美品

尺寸:39mm×8mm×60mm
重:50g

4-075
石锛 玻璃光包浆
普，美品

尺寸:36mm×11mm×57mm
重:52g

4-077
石锛 玻璃光包浆
普，美品

147

尺寸:32mm×17mm×56mm
重:59g
4-078
石锛
普，美品

尺寸:33mm×8mm×53mm
重:37g
4-079
石锛 玻璃光包浆
普，美品

尺寸:36mm×8mm×73mm
重:53g
4-080
石锛
普，美品

尺寸:37mm×17mm×69mm
重:100g
4-081
石锛
普，美品

尺寸:31mm×12mm×58mm
重:40g

4-082
石锛
普，美品

尺寸:37mm×25mm×73mm
重:147g

4-083
石锛
普，美品

尺寸:54mm×13mm×87mm
重:140g

4-084
石锛
普，美品

尺寸:42mm×12mm×86mm
重:100g

4-085
石锛 玻璃光包浆
稀，美品

尺寸:46mm×12mm×12mm
重:124g

4-086
石锛 整体弧形
稀，美品

尺寸:42mm×20mm×95mm
重:18g

4-087
石锛
普，美品

尺寸:50mm×11mm×78mm
重:97g

4-088
石锛
普，美品

尺寸:50mm×12mm×82mm
重:126g

4-089
石锛
普，美品

尺寸:42mm×21mm×130mm
重:251g
4-090
石锛
稀，美品

尺寸:30mm×7mm×51mm
重:21g
4-091
玉锛
罕，美品

尺寸:27mm×3mm×27mm
重:5g
4-092
玉锛
稀，美品

同坑石锛

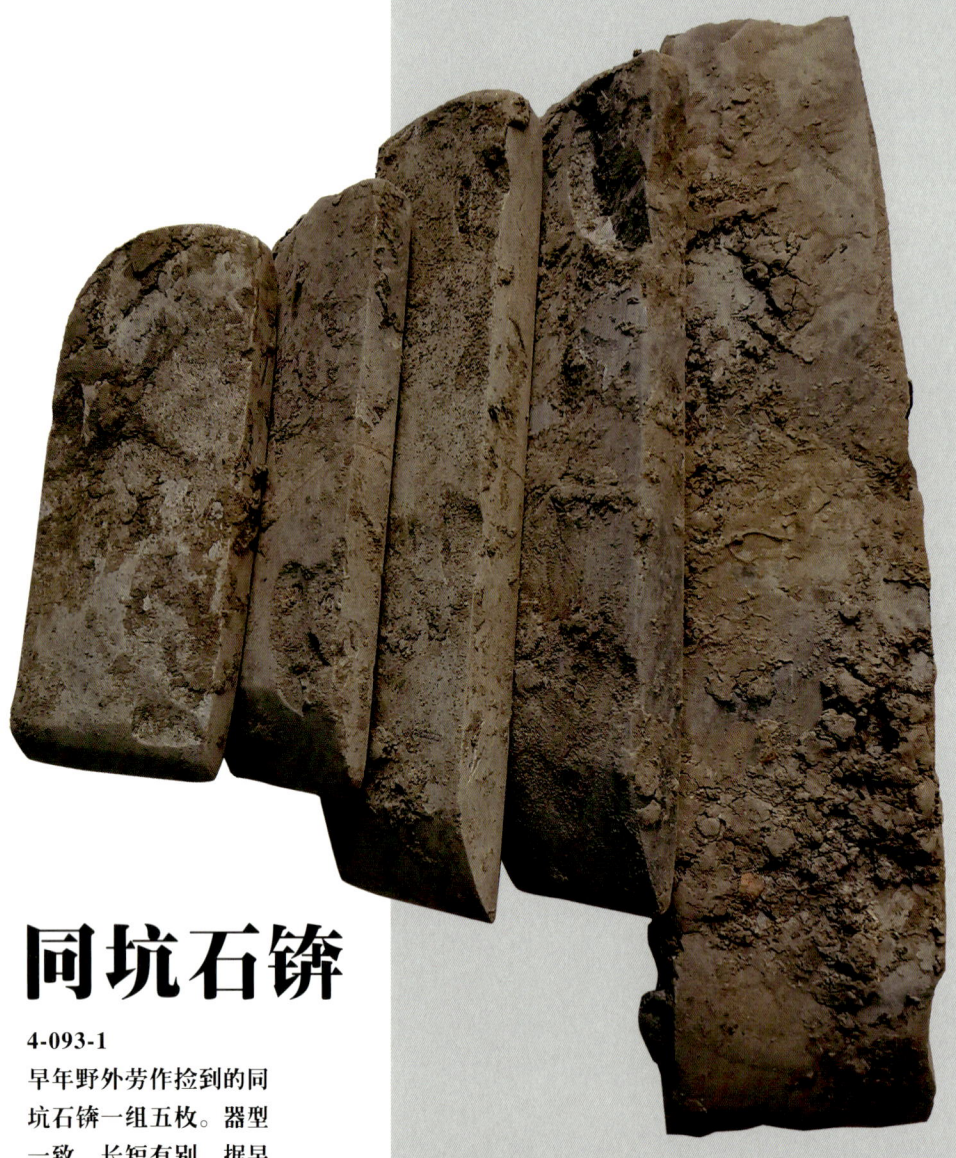

4-093-1

早年野外劳作捡到的同坑石锛一组五枚。器型一致，长短有别。据早年之拍图，分析其土质较为松软，有使用痕迹，有可能是当时同一户人家之劳作工具。可为探索当时的单户劳动生产力和普通百姓把锛作为私有财产随葬提供同一品种实物数量的参考

尺寸:34mm×16mm×145mm（中间枚）
重:196g

4-093-2
石锛 同坑一组五枚
普，美品

4-093-3 缩小图

较大石锛

尺寸：70mm×75mm×235mm
重：2250g
4-094
较大石锛
稀，美品

较轻石锛

尺寸:39mm×26mm×69mm
重:60g
4-095
较轻石锛
不及同尺寸的1/3重
罕，美品

尺寸:24mm×7mm×33mm
重:8.6g

石锛（商周时期）
良渚石锛器型对后世器型的影响
罕，美品

战国青铜凿

战国 青铜凿一组（缩小图）
良渚石凿器型对后世器型的影响

战国（越国）青铜锛

战国（越国）青铜锛（斤）一组（缩小图）
良渚石锛器型对后世器型的影响

有段石锛

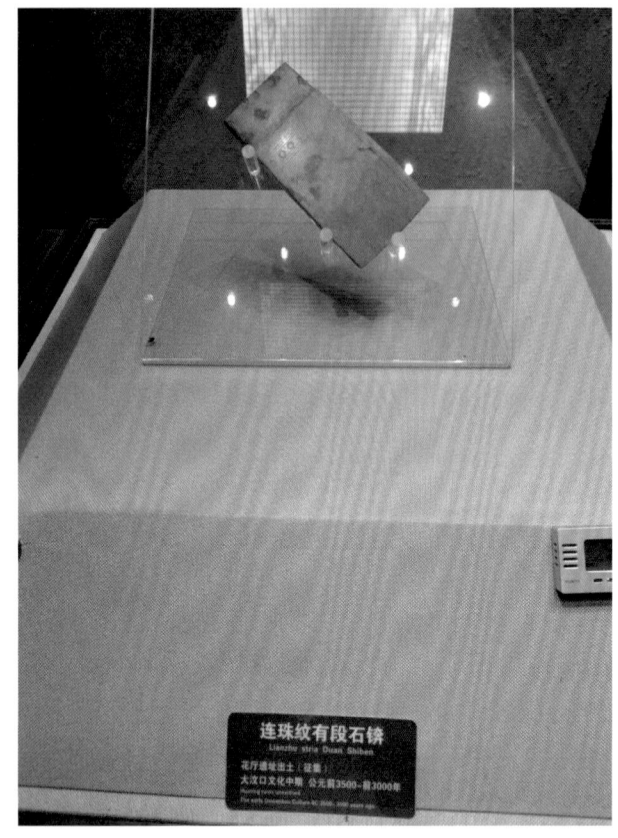

照片拍摄：何苏双

4-096
连珠纹有段石锛

新沂博物馆馆藏

介绍为：

新石器时代大汶口文化连珠纹有段石锛。

新沂博物馆收藏的这件新石器时代大汶口文化连珠纹有段石锛采用浅灰色石料，通体磨制光滑，平面呈长方形，上端微平，单面刃，刃部较锋利。背面略呈弧形，上部减地成段。在器物背面近段处饰有一圈连珠纹，连珠纹上下位置各刻画有三道弦纹。纹饰的出现在一定程度上印证了先民当时的审美观。

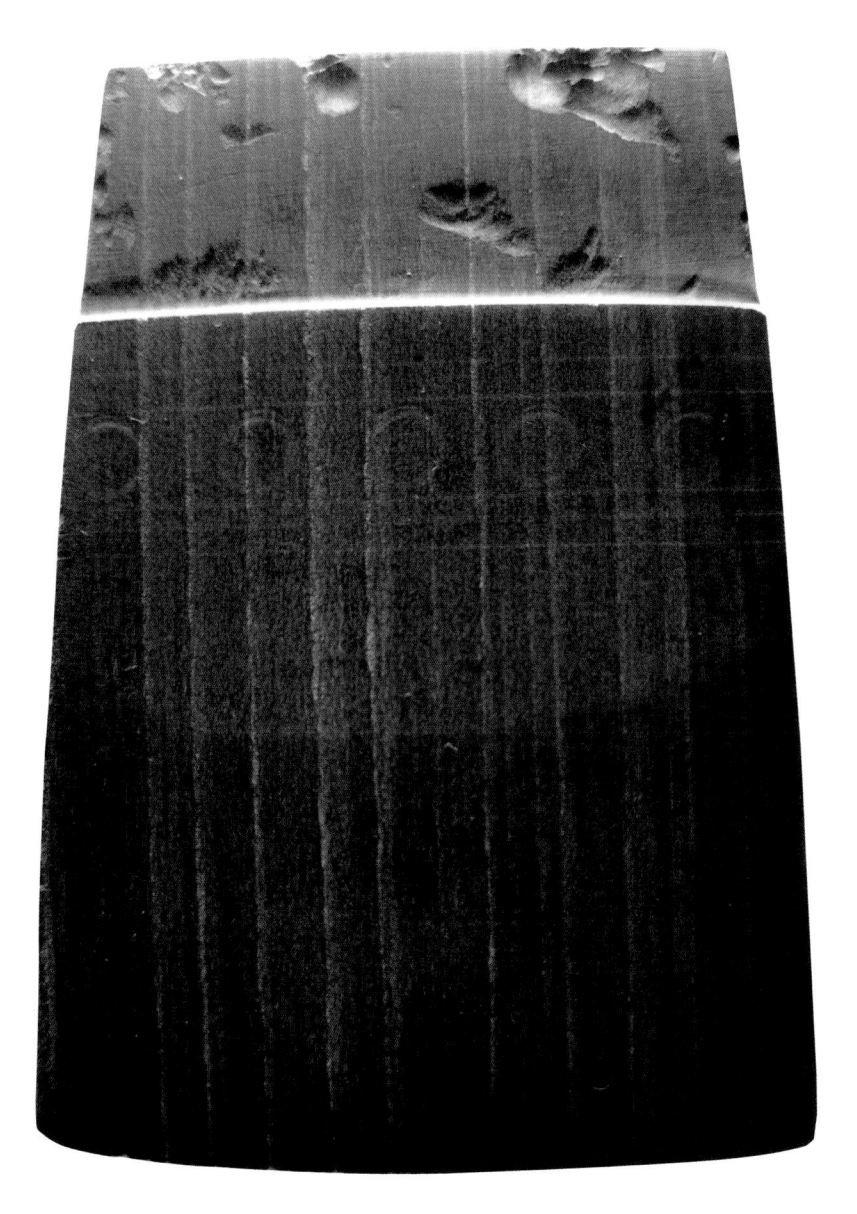

有段石锛使用源于河姆渡时期，终结于青铜时代。其器型简单地解释就是在早期的器形上部减地成段，改良后起到和木柄粘合更牢固之用。和普通石锛对比：有段石锛打磨得更细、石质更光洁，玻璃光包浆的往往都出自有段品种。石锛源于生活，有段石锛则高于生活，刻纹石锛那就是石锛界的领袖了。值得研究的是新沂博物馆也收藏了一枚同款石锛，介绍为"花厅遗址出土，连珠纹有段石锛"。此枚与彼枚出土地相差甚远，足有600公里，可以推测它们并非普通石锛也并非偶尔的装饰性作品，也许在当时它们承载了更多的使命。它的拥有者或许就是手工业石锛产品生产的管理者，用现代人的话说，具备工商许可证，或者说这是由中央颁发的荣誉勋章，具有特殊的人文概念，总之意义非凡。

4-097
有段石锛 玻璃光包浆

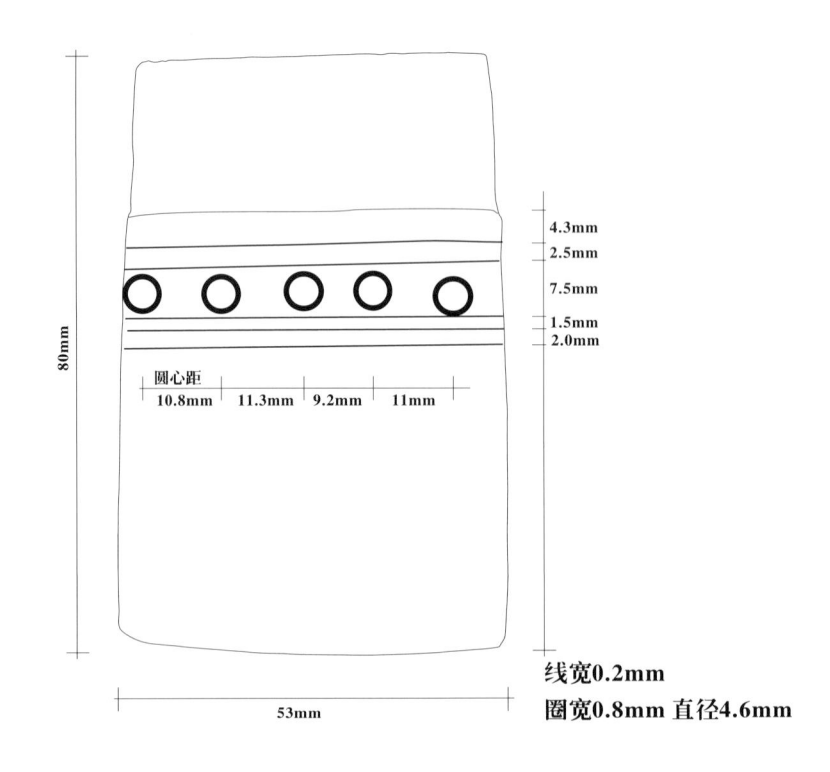

线宽0.2mm
圈宽0.8mm 直径4.6mm

较小石锛

尺寸:9mm×3mm×14mm
重:0.7g

4-098
玉锛 较轻小

良渚时期发现的石锛有一些特别细小，尺寸在一厘米到两厘米之间，材质往往比较细腻，打磨考究。形状有圆弧面平背、面背皆直、有段和直桶多种，保存的状态良好，其具体功能有待研究。或许是某一质地较软的细工活工具，比如黑陶造型塑胎时的修坯、充当漆器上的刮刀，甚至在医疗中运用等。珍，美品

56 mm

缩小图

较大石锛

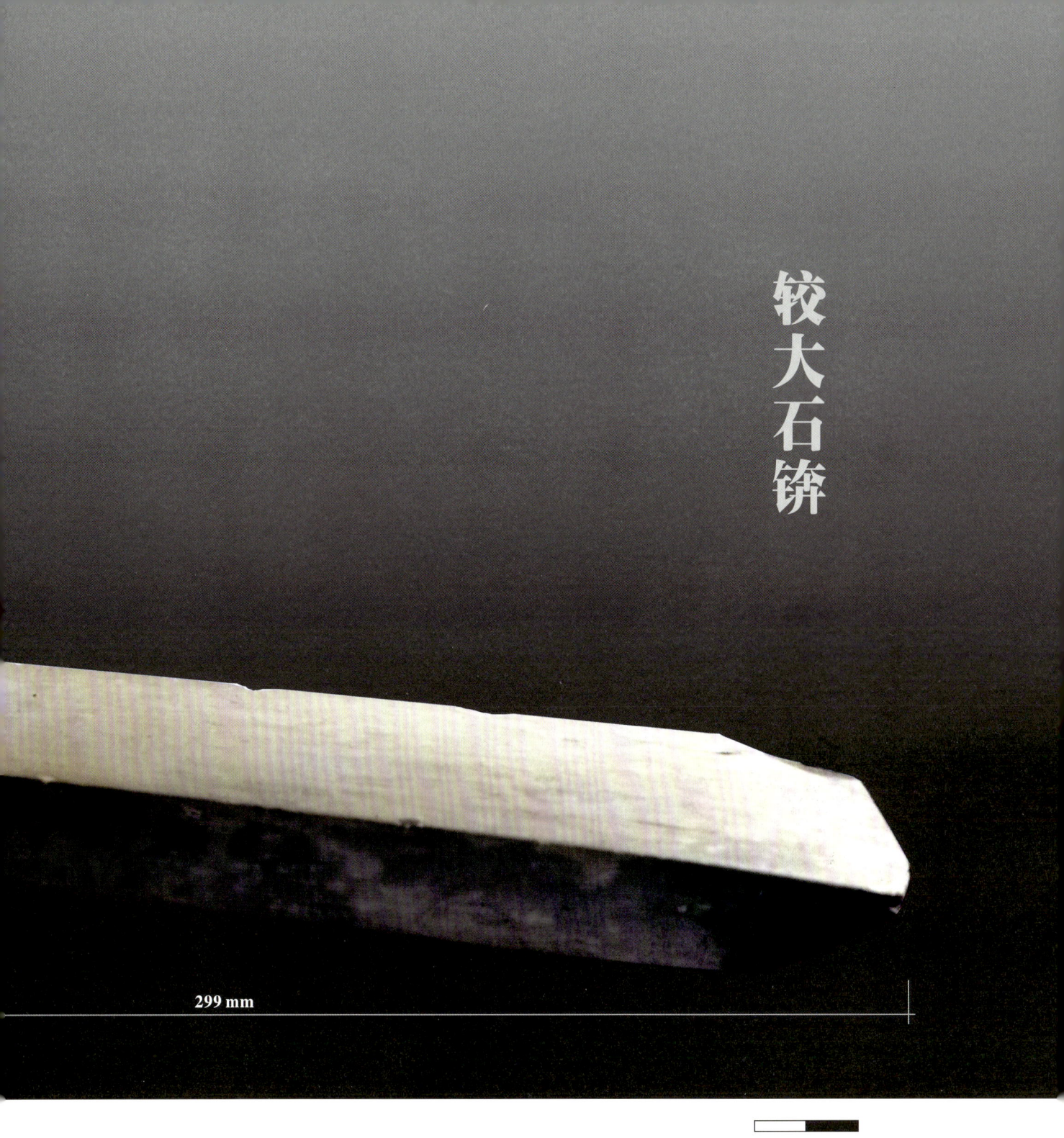

299 mm

尺寸:55mm×22mm×355mm
颉德文化博物馆 藏

4-099
有段石锛 较大型
珍，美品

有段石锛器型

斜脊型

尺寸:29mm×8mm×38mm
重:16g
4-100
斜边有段石锛
稀，美品

尺寸:17mm×6mm×25mm
良渚黑陶锛
器型较小，非实用器具体作用有待进一步研究，为同款的石器提供参考

尺寸:24mm×12mm×46mm
重:31g
4-101
有段石锛
普，美品

尺寸:19mm×11mm×47mm
重:14g
4-102
面弧背平有段石锛
稀，美品

尺寸:46mm×21mm×77mm
重:142g
4-103
有段石锛
稀，美品

尺寸:25mm×8mm×34mm
重:16g

4-104
有段石锛　玻璃光包浆
普，美品

尺寸:23mm×9mm×35mm
重:13g

4-105
有段石锛
玻璃光包浆
普，美品

尺寸:25mm×13mm×40mm
重:23g

4-106
有段石锛
普，美品

尺寸:34mm×8mm×31mm
重:18g

4-107
有段石锛
普，美品

斜脊型有段石锛最早发现于河姆渡文化期，[①]器型如底图良渚文化期发现使用得较多。

① 李安军主编：《田螺山遗址》，杭州：西泠印社出版社，2009年。

有段石锛器型

凹槽型

凹槽型有段石锛最早发现于良渚文化晚期，马桥文化期发现得较多

尺寸：18mm×6mm×22mm
　　　22mm×11mm×45mm
　　　14mm×10mm×34mm
重：5g　90g　26g

4-108
有段石锛一组三枚
稀，美品

尺寸：8mm×12mm×30mm
重：8g

4-109
面弧背平有段石锛
罕，美品

尺寸：35mm×20mm×101mm
重：164g

4-110
有段石锛
稀，美品

尺寸：48mm×8mm×66mm
重：58g

4-111
双面凹槽有段石锛
未开刃，属礼器类
珍，美品

有段石锛器型

台阶型

台阶型有段石锛为良渚文化期首创
器型一直延用到商周为止

尺寸：11mm×4mm×25mm
重：2g

4-112
面弧背平有段小石锛
稀，美品

圆弧面平背形有段石锛一组

尺寸：15mm×8mm×39 mm
　　　18mm×8mm×42mm
重：10g　14g

4-113
面弧背平有段石锛
斜脊、台阶型两款
稀，美品

尺寸：16mm×6mm×35mm
重：6g

4-114
有段石锛 玻璃光包浆
稀，美品

尺寸：17mm×7mm×38mm
重：8g

4-115
有段石锛
稀，美品

尺寸:20mm×6mm×25mm
重:6g

4-116
有段石锛
普，美品

尺寸:27mm×7mm×26mm
重:11g

4-117
有段石锛
普，美品

尺寸:25mm×8mm×27mm
重:10g

4-118
有段石锛 玻璃光包浆
稀，美品

尺寸:27mm×8mm×33mm
重:16g

4-119
有段石锛
普，美品

尺寸:28mm×6mm×32mm
重:13g

4-120
有段石锛
普，美品

尺寸:31mm×7mm×37mm
重:19g

4-121
有段石锛
普，美品

尺寸:22mm×7×37mm
重:10g

4-122
有段石锛
普，美品

尺寸:24mm×7mm×36mm
重:15g

4-123
有段石锛 玻璃光包浆
普，美品

尺寸:30mm×10mm×42mm
重:27g

4-124
有段石锛 玻璃光包浆
普，美品

尺寸:29mm×8mm×34mm
重:18g

4-125
有段石锛
普，美品

尺寸:32mm×12mm×48mm
重:37g

4-126
有段石锛
普，美品

尺寸:25mm×12mm×49mm
重:27g

4-127
有段石锛 玻璃光包浆
稀，美品

尺寸:19mm×10mm×38mm
重:14g

4-128
有段石锛
普，美品

尺寸:15mm×10mm×46mm
重:14g

4-129
有段石锛 玻璃光包浆
稀，美品

尺寸:19mm×6mm×41mm
重:10g

4-130
有段石锛
玻璃光包浆
普，美品

尺寸:左19mm×9mm×54mm
　　　右21mm×9mm×57mm
重:18g　29g

4-131
有段石锛一组两枚
普，美品

尺寸:46mm×19mm×111mm
重:232g

4-132
有段石锛
侧面刃口斜坡较宽型
稀，美品

尺寸:22mm×15mm×54mm
重:38g
**4-133
有段石锛**
普，美品

尺寸:43mm×17mm×66mm
重:120g
**4-134
有段石锛**
普，美品

尺寸:40mm×12mm×75mm
重:80g
**4-135
有段石锛**
普，美品

尺寸:47mm×9mm×91mm
重:94g
**4-136
有段石锛**
疑似刻画符号
普，残件

尺寸:19mm×11mm×47mm
重:20g

4-137
有段石锛
普，美品

尺寸:27mm×6mm×45mm
重:15g

4-138
有段石锛
背面图
有段石锛基本为光背
普，美品

尺寸:22mm×8mm×49mm
重:15g

4-139
有段石锛
普，美品

尺寸:22mm×8mm×51mm
重:20g

4-140
有段石锛
普，美品

尺寸:24mm×9mm×44mm
重:23g

4-141
有段石锛
普，美品

尺寸:25mm×12mm×45mm
重:30g

4-142
有段石锛
普，美品

尺寸:26mm×5mm×58mm
重:21g

4-143
有段石锛
普，美品

尺寸:38mm×19mm×57mm
重:94g

4-144
有段石锛
普，美品

尺寸:21mm×13mm×52mm
重:29g

4-145
有段石锛
普，美品

尺寸:22mm×18mm×80mm
重:76g

4-146
有段石锛
普，美品

尺寸:32mm×28mm×96mm
重:175g

4-147
有段石锛
普，美品

尺寸:22mm×15mm×66mm
重:48g

4-148
有段石锛
普，美品

尺寸:32mm×9mm×80mm
重:27g

4-149
有段石锛
玻璃光包浆
稀，美品

尺寸:29mm×15mm×57mm
重:47g

4-150
有段石锛
稀，美品

尺寸:32mm×11mm×57mm
重:41g

4-151
有段石锛
玻璃光包浆
稀，美品

尺寸:30mm×27mm×65mm
重:113g

4-152
有段石锛
普，美品

尺寸:48mm×17mm×107mm
重:186g

4-153
有段石锛
普，美品

尺寸:44mm×17mm×79mm
重:129g

4-154
有段石锛
普，美品

尺寸:64mm×25mm×205mm

4-155
石锛
南湖坑形成的独特玻璃光包浆
珍，美品

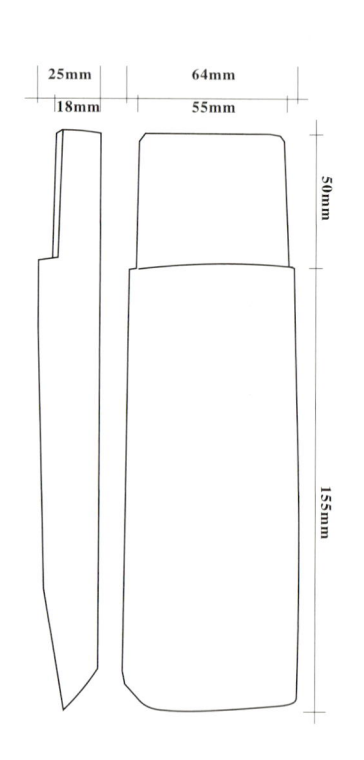

177

尺寸:59mm×11mm×122mm
颉德文化博物馆 藏

4-156
有段石锛
稀，美品

减地处线切割痕迹
在切割过程中两端的立面转折处，由于来回拉动时力度较大，摩擦的机会也多，导致直角边受到一定程度的磨损，从而产生了圆弧，并非特意打磨

理论设计
制作成品

尺寸:67mm×12mm×122mm
颉德文化博物馆 藏

4-157
有段石锛
稀，美品

锛类形制与斧略同，因仄面不对称而分别，锛类数量较之斧类为次多之物，岩质与斧类略同，形式较整齐，而刃部亦有磨制甚利者。[1] 此器型的有段（台阶式）石锛，施昕更先生则称为异型锛，并命名为带槽锛

---

[1] 施昕更：《良渚》(杭县第二区黑陶文化遗址初步报告)，浙江省教育厅出版，1938年6月。

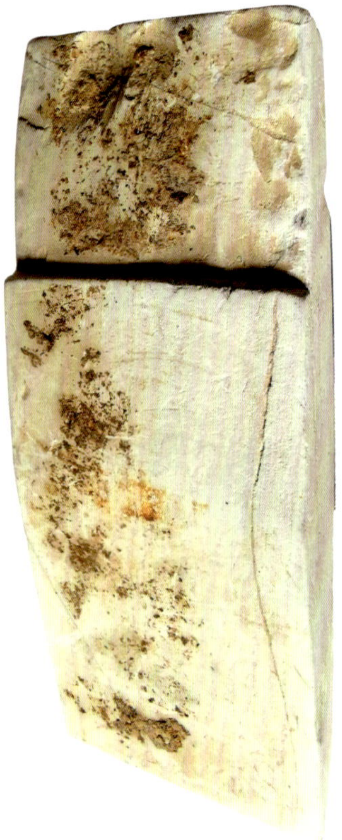

尺寸：31mm×18mm×77mm　38mm×7mm×77mm
　　　41mm×20mm×105mm

重：90g　47g　195g

4-158　4-159　4-160
有段石锛
普，美品

打磨　线割

有段石锛台阶处图
有段石锛减地过程中，使用的线切割痕迹
对不使用部分做简单打磨处理，能用即可

尺寸：33mm×86mm×14mm
重：86g

4-161
有段石锛
普，美品

台阶交界处
R的大小估计和
切割时的线具粗
细有关

尺寸:48mm×8mm×68mm
重:59g

4-162
有段石锛 玻璃光包浆
罕，美品

尺寸:59mm×11mm×106mm
重:150g

4-164
有段石锛 石质粗糙
普，美品

光洁 vs 粗糙

尺寸:65mm×9mm×100mm
重:141g

4-163
有段石锛 玻璃光包浆
罕，美品

尺寸:47mm×14mm×70mm
重:105g

4-165
有段石锛 石质粗糙
普，美品

台阶式有段石锛的七个面或说各个面的打磨程度据统计基本都是同步进行的（右图），仅打磨部分面，而侧面保持着开采时的原石状则发现较少（左图）

尺寸：42mm×21mm×127mm
重：277g

4-166
有段石锛
仅打磨了面和幕，侧面原石稀，美品

切面效果

剖开有段石锛可以看到内芯情况：石质较为细腻。上图为刚剖开(0氧化)，下图为润水后效果，截面的一周白边为几千年酸土侵蚀而形成的包浆，骨质光整，可见良渚石器影响品相的原因是表面逐渐渗透到骨芯的氧化度，而非内部往外部分解。此图可为收藏爱好者鉴别良渚石器真伪，以及为区分利用老料新加工、老残器的新改件提供参照

石矛

石矛的材质坚硬，制作粗糙，使用痕迹较为明显。整体呈三面形，削边开刃，在柄处插木或竹配合使用。

尺寸：46mm×11mm×125mm
重：116g

4-167
石矛（杭州江南古陶博物馆藏）
稀，美品

战国青铜矛（缩小图）
良渚石矛器型对后世器型的影响

石戈

石戈 马桥文化期
中国江南水乡文化博物馆藏
1986年余杭南湖采集
稀，美品

新石器时期器型对后世的影响
商代 石戈
尺寸：84mm×16mm×235mm
最厚：16mm 重：338g

此类器型早期断代
为良渚文化期，因
南湖水坑，各时期
都有遗物，较难判
断，随着不断研究
校准为商周遗存

新石器时期器型对后世的影响
商代 石戈
中国江南水乡文化博物馆藏
1985年余杭东门码头采集

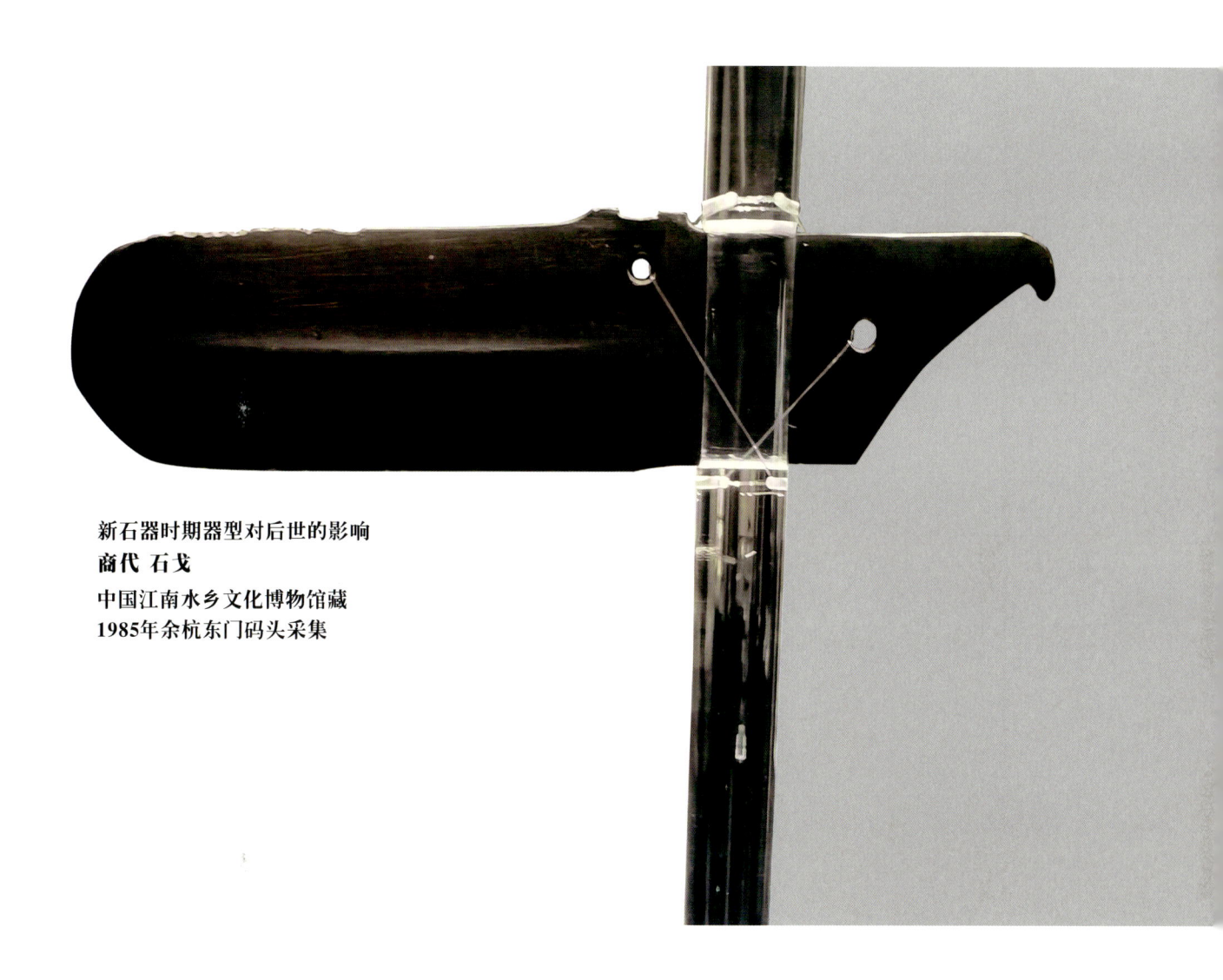

商代 青铜戈
新石器时期石戈器型，对后世青铜器的影响

石刮削片

4-168
石刮削片
使用示意

尺寸:12mm×3mm×36mm
重:2g

4-169
石刮削片
四面开刃
稀，美品

尺寸:31mm×6mm×60mm
重:13g

4-171
石刮削片
适合左手手捏劳作
稀，美品

尺寸:16mm×3mm×41mm
重:3g

4-170
石刮削片
四面开刃锋利
罕，美品

尺寸:22mm×5mm×61mm
重:8g

4-172
石刮削片
稀，美品

纺锤车

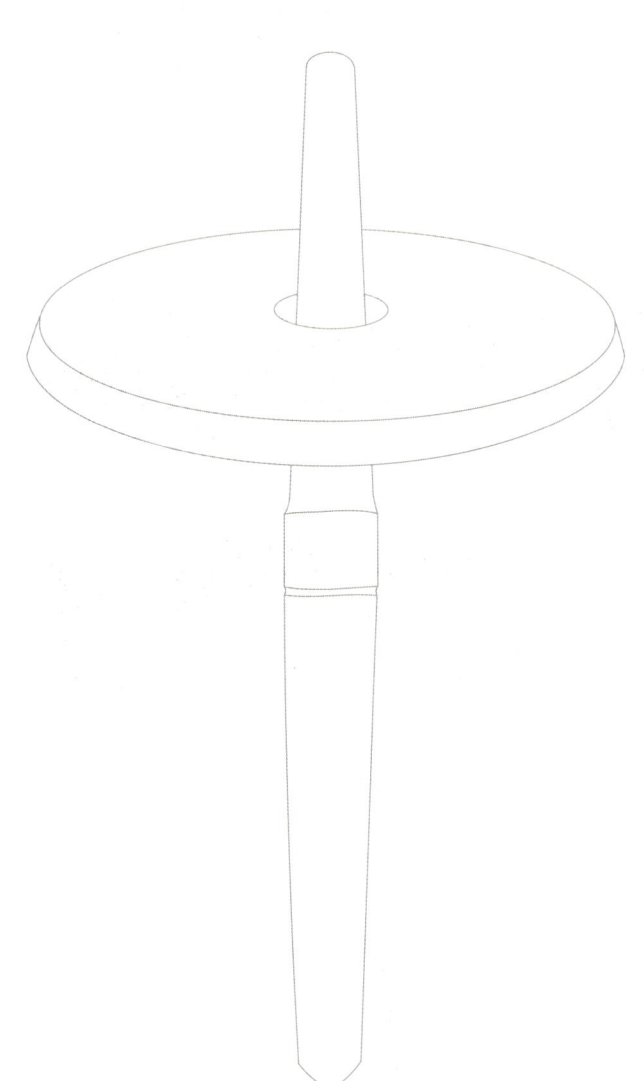

尺寸:直径 60mm

4-173
良渚黑陶盖
内壁网格纹乃制陶坯时纺织物的印痕，佐证了当时纺织业的发展程度，以及配套或辅助其他行业生产的运用实例
稀，美品

石纺轮及支杆

纺织是人类古老的手工艺之一，跨湖桥遗址曾发现有陶质纺轮，而石质纺轮则源于河姆渡时期。盛行于良渚时期。

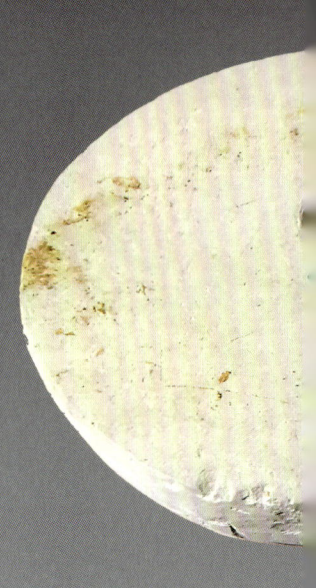

尺寸:直径55mm 厚6mm
重:31g

4-174
石纺轮
稀，美品

尺寸:直径52mm 厚7mm
重:34g

4-175
削边石纺轮
稀，美品

尺寸:直径46mm 厚11mm
重:50g

4-176
石纺轮
稀，美品

尺寸:直径53mm 厚7mm
重:41g

4-177
石纺轮
稀，美品

尺寸:直径49mm
　　　44mm
　　　59mm
　　　56mm
　　　厚9mm
　　　　6mm
　　　　6mm
　　　　8mm
重:52g 23g 41g 43g
4-178
石纺轮一组
普，美品

最下一枚的同心圆孔未开通，可推测石纺轮开孔为最后一道工序。用的钻头为普通尖三角钻，单面直钻至通孔，而非采用管钻技术

尺寸:直径13mm 高137mm
重:33g
4-179
石质 纺轮支杆
圆杆
珍，美品

尺寸:24mm×7mm×7mm
重:1.4g

4-180
玉蚕形器
为推测具备桑蚕文化提供了参考物
似鸟似蚕有待研究
罕，美品

石陀螺

（待考品　可能是某转器配件）

横截面呈圆形、顶部平、另端削尖、中部有一凹槽环绕一周。

4-181
木质陀螺滋润在良渚文化土层中
（待考品 可能是某转器配件）

尺寸:36mm×50mm

重:85g

4-182

石质陀螺 待考品

可能是某转器配件

珍，美品

石钻头

尺寸:12mm×12mm×62mm
重:12g
4-184
石质钻头 圆身
罕，美品

尺寸:15mm×15mm×91mm
重:20g

4-183
石质工具类 可能用于钻孔
稀，美品

尺寸:9mm×9mm×53mm
重:8g
4-185
石质钻头 方身
稀，美品

尺寸:17mm×17mm×75mm
重:20g
4-186
石质钻头 扁身
稀，美品

尺寸:10mm×10mm×41mm
重:6g

4-187
石质钻孔工具
稀，美品

尺寸:12mm×12mm×50mm
重:12g

4-189
石质钻孔工具
上端设有凹槽
稀，美品

尺寸:11mm×11mm×72mm
　　　9mm×9mm×62mm
重:13g　8g

4-188
石质钻头两枚
具体运用有待研究
从各面查看均有打磨痕迹
罕，美品

尺寸:17mm×10mm×66mm
重:9g

4-190
石质钻头或石镞
从各面查看均有打磨痕迹
珍，美品

尺寸:15mm×15mm×63mm
重:13g

4-191
锥形石质钻头
此类石器普遍认为是钻头（开孔器），随着有扁型、较长型、打磨精细者的新发现，此器型有待重新定义
稀，美品

尺寸:23mm×23mm×61mm
重:65g

4-193
石质工具类 圆身
罕，美品

4-192
石质钻头内部结构
为观察石质钻头内部结构而剖开的残件
普，残件

尺寸:8mm×8mm×64mm
　　　12mm×12mm×77mm
重:5g　17g

4-194
石质工具类　圆身
稀，美品

尺寸:14mm×7mm×61mm
重:9g

4-195
石质工具类　扁形可能用于纺织业
形状、尺寸类同于4-191钻头
不同的是此为扁平，而4-191钻头为圆锥形
稀，美品

199

最大枚尺寸:40mm×25mm×87mm
重:111g

4-196
研磨器(孔钻、扩孔器）一组
运用于各种器物的开孔或扩大孔径
稀，美品

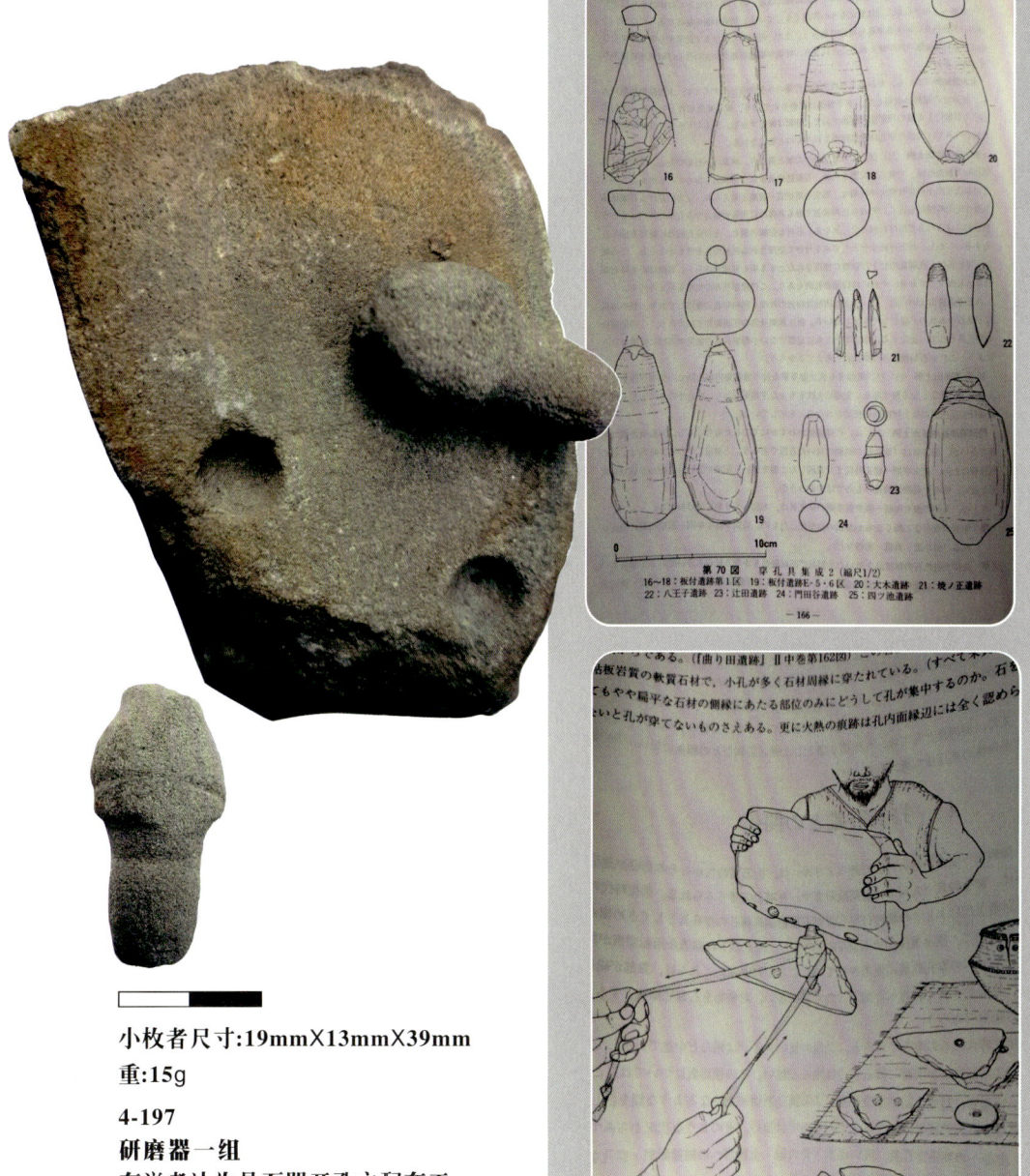

小枚者尺寸:19mm×13mm×39mm
重:15g

4-197
研磨器一组
有学者认为是石器开孔之配套工具，大石为顶盖，小石为钻罕，美品

辘轳轴承器与压盖，辽宁查海聚落遗址曾有出土类似器物。发掘者命名为"石钻"[1]。

---

[1] 辽宁省文物考古所：《查海：新石器时代聚落遗址发掘报告》，北京：文物出版社，2012年，第36—37页。

上下两图引用日本考古报告

下图的示意图中皮绳应该是缠绕钻头一道以上才能带动摩擦从而运转石钻（笔者注）

今宿バイパス関係埋蔵文化財調査報告第11集
石崎曲田遺跡
- III -
1985
福岡県教育委員会 出版

解玉石器

　　线切割和片切割就是用骨管、竹管，或者线绳、木石片等，沾上金刚砂，施以有压力的运转，因为砂的硬度较高，一般莫氏硬度为7，从而达成切割的效果。而解玉器材质本身为天然金刚砂石块，经开刃加工而成。可以理解为解玉之刀、解玉之锉，故有它山之石可以为错，错为锉之意。

尺寸: 最大枚 21mm×5mm×57mm
重:6g

4-198
解玉石器一组
金刚砂加身，硬度大
稀，美品

尺寸:59mm×79mm×222mm
重:1850g

4-199
砺石 颗粒较细
普，美品

尺寸:62mm×45mm×220mm
重:1200g

4-200
砺石 颗粒较粗
普，美品

它山之石 可以攻玉

砺石

金刚之身 道法自然

最小枚尺寸:8mm×8mm×53mm(缩小图)
重:21g

4-201
砺砥一组
磨制各种石器、玉器而留下的痕迹
普，美品

砺+2　　砺+1　　砺

砥　　砥+1　　砥+2

砥（细磨石）

砺（粗磨石）

4-202
砺砥一组
磨制各类玉石器、骨器时根据流程要求而更换各档粗细程度合适的磨石，直到最后采用植物及动物之皮草打磨抛光创造出完美作品
普，美品

最大枚尺寸:37mm×25mm×85mm(缩小图)
重:175g

4-203
研磨器一组
被各种石器、玉器、骨器久经打磨而形成的磨石形状
较小型磨石有可能为随身携带之物
普，美品

尺寸:7mm×7mm×22mm　重:2g

4-204
石质锥形器
表面粗糙不像饰品，推测为打磨之器
普，美品

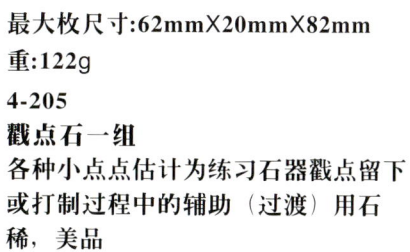

最大枚尺寸:62mm×20mm×82mm
重:122g

4-205
戳点石一组
各种小点点估计为练习石器戳点留下
或打制过程中的辅助（过渡）用石
稀，美品

陨石

尺寸:29mm×20mm×22mm

重:10g

4-206
陨石
普，美品

尺寸:21mm×20mm×21mm

重:10g

4-207
陨石
普，美品

燧石雕刻器

石器时代常以石击石，在比较坚硬的燧石上取下小片。研究者们根据器型和功能归纳为石叶技术、两面器技术、勒瓦娄哇技术、雕刻器技术。

良渚时期人们娴熟地掌握了雕刻器的运用，类似现代雕刻刀，打制方法是在石片或者石叶的一端打下雕刻器小片，并在石器端部形成一个由打击台面与雕刻器小面组成的凿状刃。关于雕刻器用途的理解可归纳为以下几种观点：

1. 雕刻、开槽的功能。

2. 除具有雕刻的功能，还有锥、钻、刮、削的功能，一器多用。

3. 没有雕刻的功能，只是在处理石器边缘时采取的一种方式。

4. 估计由生产石叶或细石叶的石核二次加工而成。

5. 和石凿、石锛（斧）、石钻、配套使用，为石凿开（划）槽、为石钻头定位，正如现代钻孔常用钉头先定个位，避免钻杆滑动。为石锛（斧）做楔劈铺垫。

燧石

因密度高享有它山之石美誉，打削下来的碎片可用于黑陶、玉石、骨质等器的刻画镌纹，以及木器、石器的钻孔等。和红山文化的刮削片等同作用。相比红山文化期的刮削片，良渚文化期的较润、水头足，器型不求规整

小者尺寸：8mm×6mm×24mm
重：1.7g

4-208
雕刻器及原燧石一组
普，美品

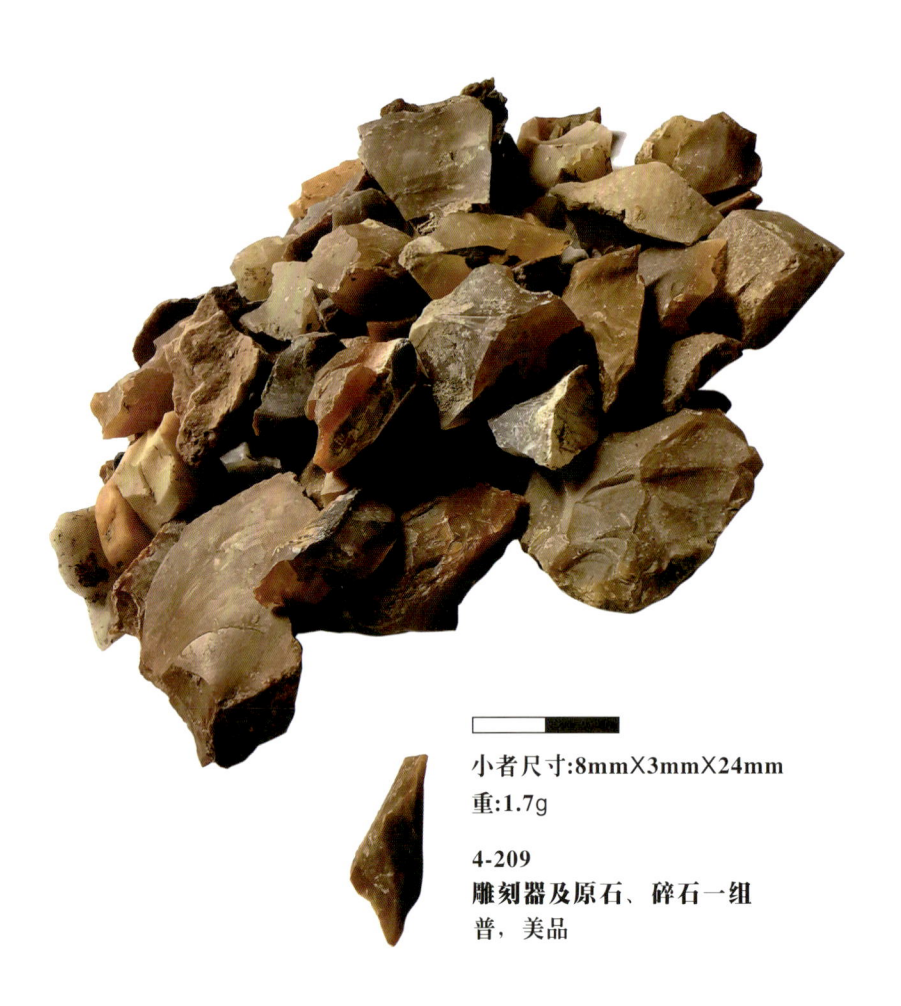

小者尺寸:8mm×3mm×24mm
重:1.7g

4-209
雕刻器及原石、碎石一组
普，美品

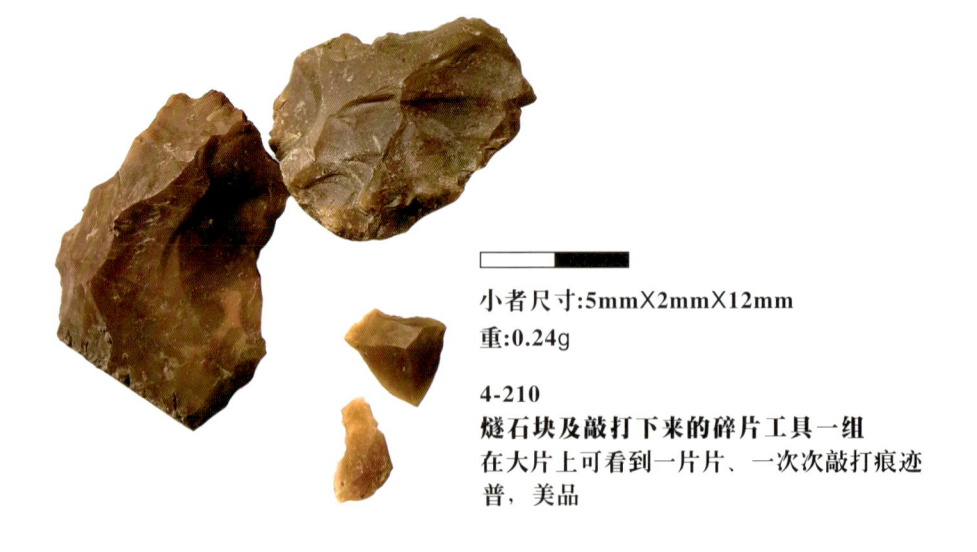

小者尺寸:5mm×2mm×12mm
重:0.24g

4-210
燧石块及敲打下来的碎片工具一组
在大片上可看到一片片、一次次敲打痕迹
普，美品

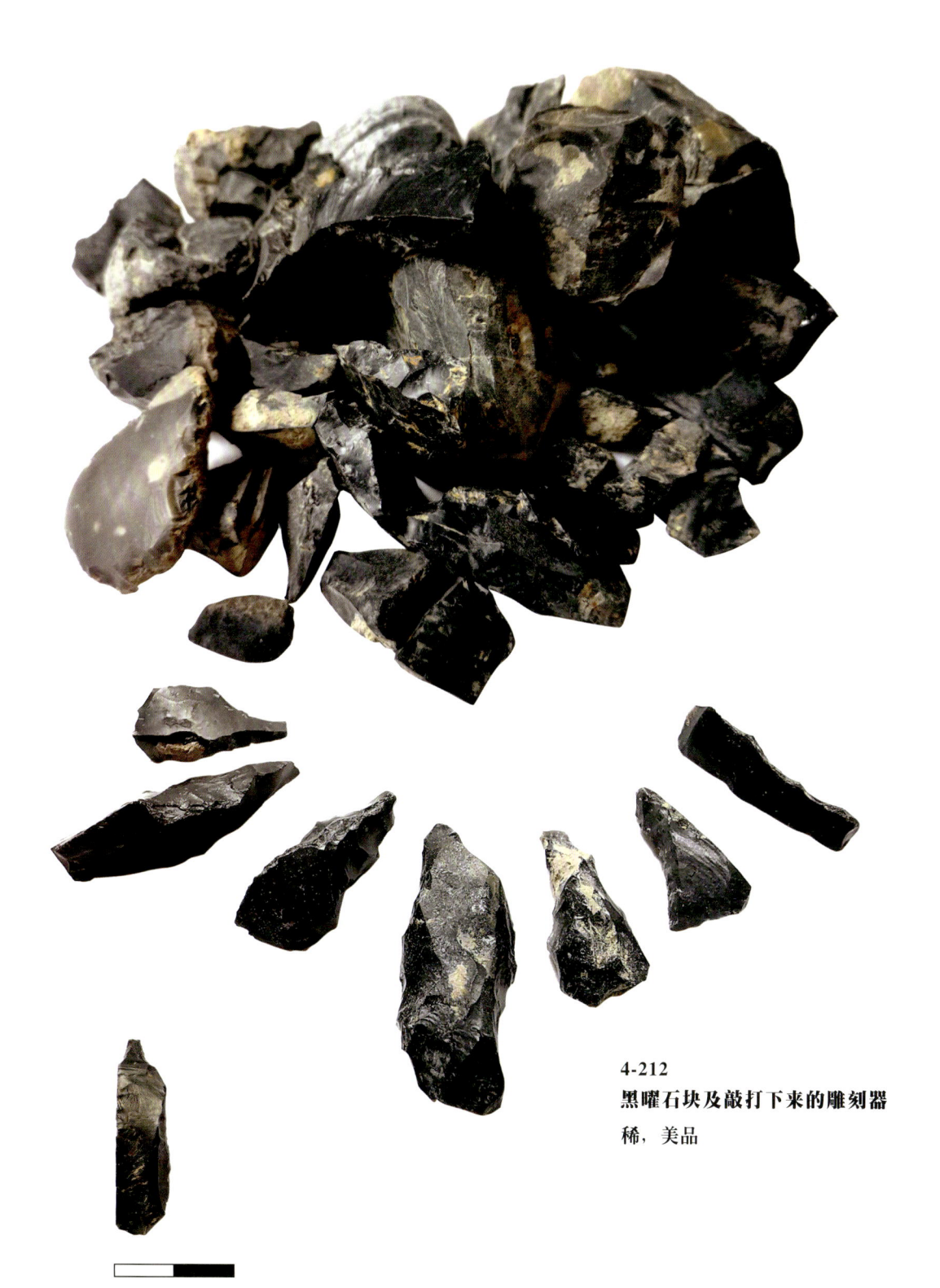

4-212
黑曜石块及敲打下来的雕刻器
稀，美品

尺寸:7mm×5mm×32mm
重:2g

4-211
黑曜石雕刻器
可用于刻画镌纹
罕，美品

尺寸:10mm×3mm×34mm
重:4g

4-213
各种燧石雕刻器一组
可用于刻画镌纹
普，美品

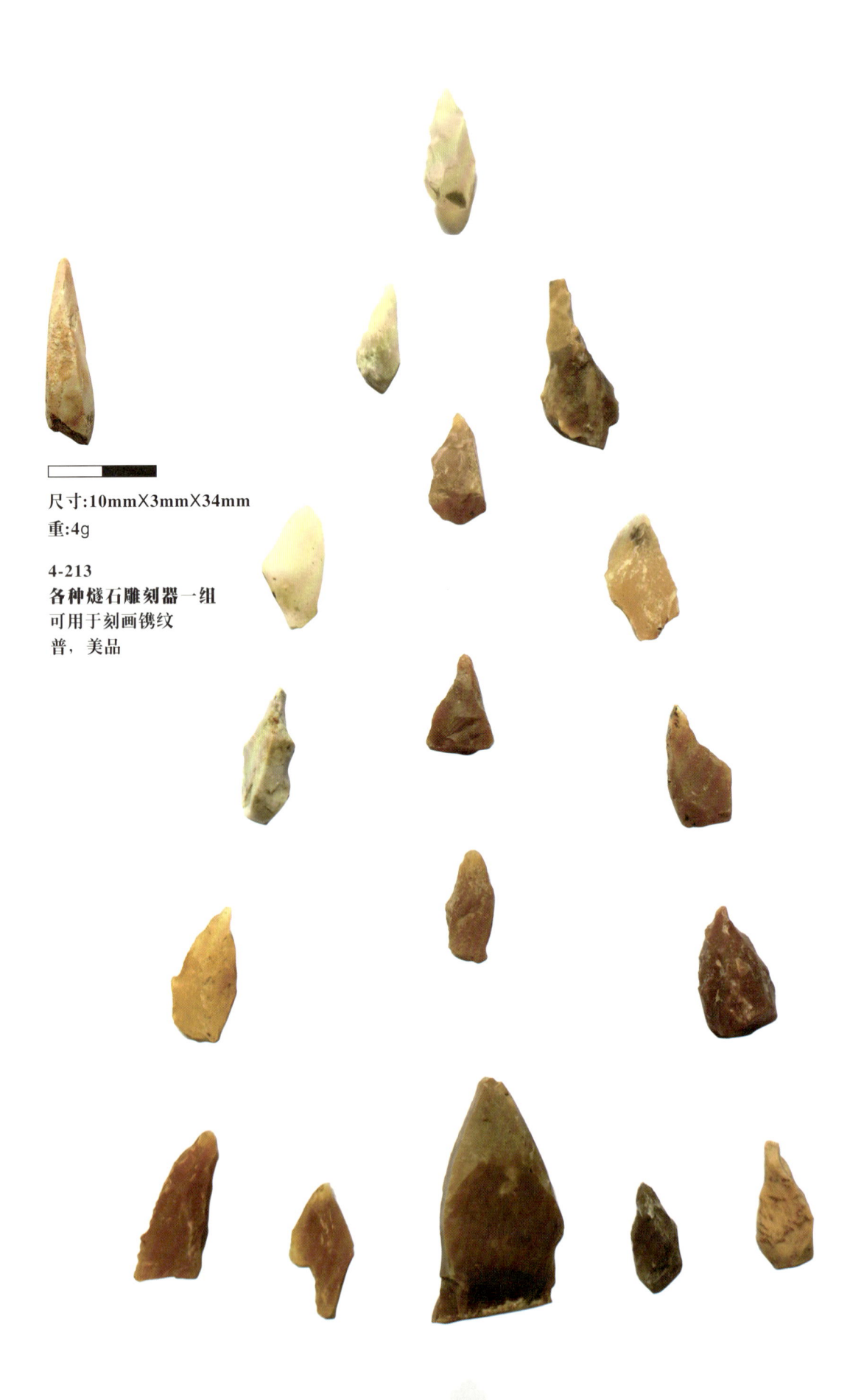

214

右尺寸:24mm×10mm×52mm
重:48g

4-214
硬玉石上的线切割加工痕迹
稀，美品

尺寸:左外直径32mm 厚10mm
　　　右外直径46mm 厚8mm
重:15g　13g

4-215
硬玉石加工而成的珏一对
珍，美品

不断发现

有待进一步研究的良渚文化时期石器

尺寸:15mm×15mm×91mm
重:20g

4-216
石质工具类 可能用于医术
形状类似于现在中医医具
型同越国出土之礼射箭镞
具体用途有待研究
罕，美品

尺寸:8mm×5mm×65mm
重:4g

4-217
石质工具类 可能为砭针
具体用途有待进一步研究
可能为治疗用具。先民用以刺划身体患部，排脓放血；或刺激身体穴位，以疗痛祛患
罕，美品

尺寸:45mm×8mm×65mm
重:120g

4-218
石质工具类 可能为锛
具体用途有待进一步研究
可能为梯形石锛
罕，美品

放大图

尺寸:直径12mm 高35mm
重:7g

4-219
石质工具类
具体用途有待研究
从各面查看均有打磨痕迹
应该为完整器或某一配件
罕，美品

尺寸:左7mm×32mm
　　　右11mm×22mm
重:2.2g　3.3g

4-220
石质挂件一组两枚
左为锥形器型，右为吊坠
从各面查看均有打磨痕迹
稀，美品

尺寸:上口直径33mm
　　　下口直径38mm
　　　厚8mm
重:12g

4-221
梯形石环
具体性质有待研究
罕，美品

尺寸:直径19mm 高53mm
重:14g

4-222
石质工具类
从各面查看均有打磨痕迹，
应该为完整器或某一配件，
一般认为有刻槽的都与钻
有关，或许为钻头件，具
体用途有待研究
稀，美品

217

尺寸:25mm×15mm（最厚处）×94mm
　　　22mm×10mm（最厚处）×75mm
重:37g　14g

4-223
同款石镞一对
石镞龟裂纹的形成有待进一步研究。发现它时，长期存在沙坑中，看似严重风化其实胎骨坚实，整体器型如右图
罕，美品

最大直径:15mm
总高： 121mm
重:31g
4-224
触点式石器
珍，美品

局部放大图

尺寸:直径110mm 厚度:7mm
重:175g

4-225
石质圆形、长方形片
具体用途有待进一步研究
共同特点为一面打磨光剔，
另外一面则未经打磨
厚度较薄，周围打磨加工
成型，非其他器物之残件
罕，美品

脊处留有
深红色粘
合剂

尺寸:19mm×8mm×88mm
重:18g

1-226
石镞类石器
稀，美品

尺寸:55mm×4mm×137mm
重:74g

背面两边开刃起棱线，
排列规律的线条疑似刻划符号

尺寸:最大直径44mm 厚度2—3mm
重:11g 13g

4-227
圆形石片
具体用途有待进一步研究
特点为一面打磨光剔，另外一面则未经打磨。厚度较薄，圆周打磨加工成型
两片取于同一石体，同坑
罕，美品

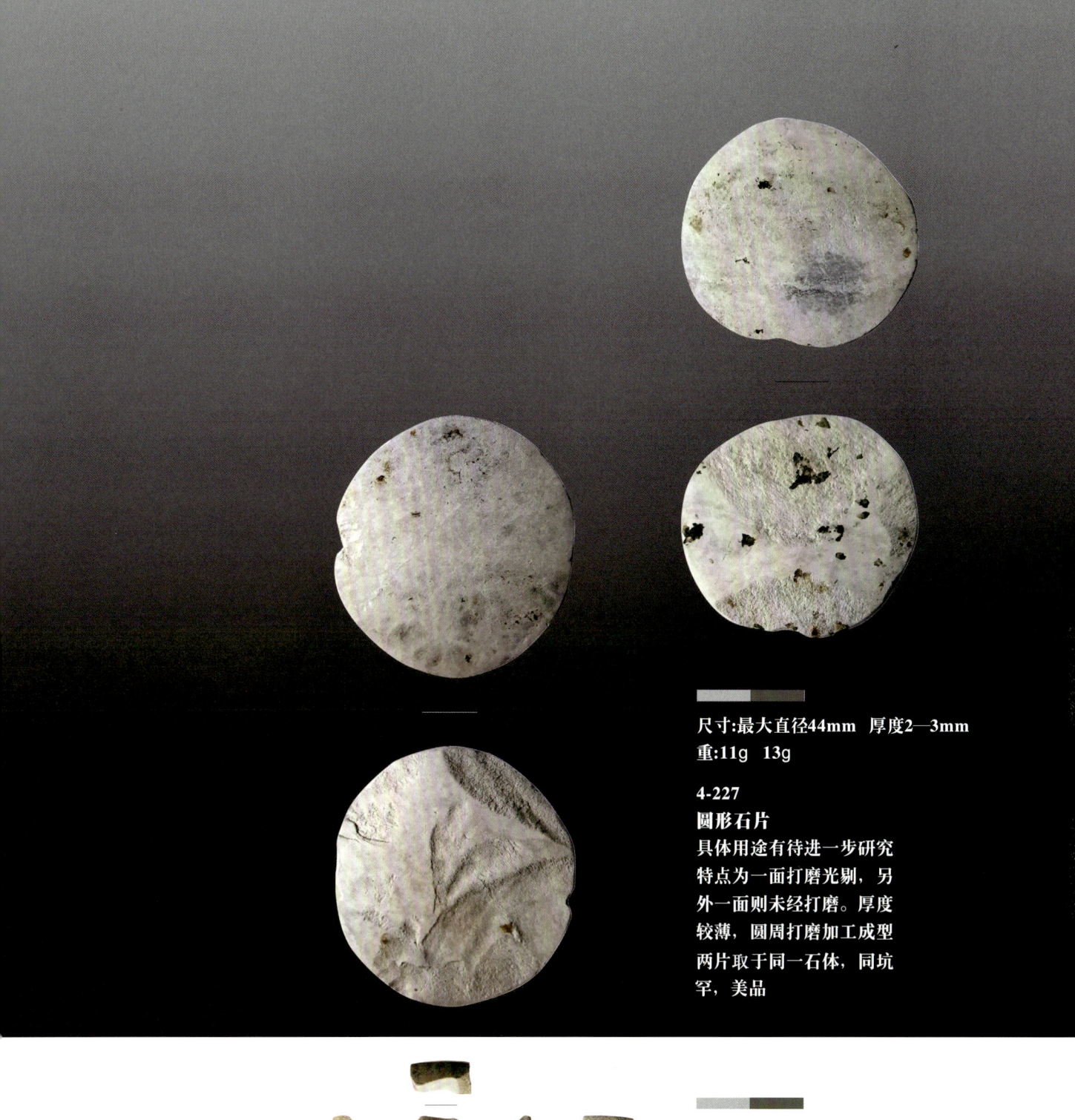

尺寸:18mm×7mm×38mm
重:8.5g

4-228
异型石锛
具体用途有待进一步研究
特点为各面打磨光剔、刃为石锛器形、顶部和两侧减地、面凹弧、背平
罕，美品

尺寸:小者直径23mm 高61mm
重:65g
大者直径41mm 高96mm
重:130g

4-229
石质工具类一组两枚
配套或单独使用
可能用于纺织业
具体性质有待研究
形状类同现在网坠
罕，美品

尺寸:44mm×10mm×22mm
重:22g

4-232
石方块
具体性质有待研究
罕，美品

尺寸:16mm×6mm×35mm
重:7g

4-230
未知件 完整器
符合手捏的人机工程学
可能用于黑陶造型上的修坯
具体用途有待研究
稀，美品

尺寸:18mm×8mm×56mm
重:13g

4-234
未知件
可能某器物配件
类似器物之足插件
具体用途有待研究
稀，美品

尺寸:9mm×4mm×84mm
重:3g

4-233
未知件 完整器
具体用途有待研究
罕，美品

尺寸:12mm×12mm×69mm
重:16g

4-231
石杵
可能为小型研磨器
罕，美品

良渚石器
还有太多的未知件、
未解之谜，
让我们共同探索……

残改件

生产劳作中破损石器的再利用

尺寸:24mm×14mm×79mm
重:20g

4-235
残石镞改的网坠
截面为菱形
普，改件

尺寸:39mm×8mm×46mm
重:33g

4-236
石锛
由带孔石器而改的石锛
稀，改件

尺寸:35mm×5mm×62mm
重:38g

4-237
石锛
由石斧而改的石锛
普，改件

尺寸:13mm×6mm×52mm
重:13g

4-238
石凿
从切割痕迹看估计是有段石锛改之，在生产过程中耗损的石锛不想弃之而再次修改利用
普，改件

尺寸:直径34mm 厚5mm
重:12g

4-239
石片
从切磨痕迹看估计是由石钺的钻芯改之，或许工匠想制作石质纺轮的半成品
稀，改件

尺寸:7mm×3mm×18mm
重:1g

4-240
网坠
由残破石器而改的网坠
稀，改件

尺寸:66mm×10mm×105mm
重:76g

4-241
石斧
由石钺而改的石斧
普，改件

尺寸:52mm×3mm×5mm
重:3g

4-242
石璜 残件
罕,残件

尺寸:78mm×9mm×12mm
重:12g

4-243
石镯 残件
罕,残件

尺寸:95mm×17mm×24mm
重:137g

4-244
玉璜 加工半成品
罕,美品

尺寸:42mm×8mm×18mm
重:14g

4-245
石刀
可能由石钺而改的石刀
稀,改件

227

伍 萤石及其他

尺寸：（小者）19mm×8mm×31mm
重：30g
5-001
原始萤石材料
稀，美品

萤石

5-002
分解后的萤石材料,用于加工饰品
稀,美品

莹石制品

5-003
加工痕迹明显的萤石制品一组
稀，美品

尺寸:17mm×17mm×18mm
重:7g

5-004
萤石扣子
珍，美品

尺寸：（大者）13mm×11mm×17mm
重:3g

5-005
萤石饰品一对
罕，美品

5-006
钻孔留痕
稀，美品

5-007
线切割留痕
稀，美品

5-008
因钻孔没成功而遗弃的残品，可见钻孔是最后一道工序
稀，残件

水晶、绿松石

尺寸:直径30mm 高27mm
重:45g

5-009
萤石钻孔留下的钻芯
稀，美品

尺寸（大者）:33mm×8mm×78mm
重:126g

5-010
水晶一对 可能用于凿作
稀，美品

尺寸:27mm×8mm×17mm
重:6g

5-011
萤石鱼饰品
珍，美品

尺寸:75mm×10mm×17mm
重:59g

5-012
绿松石镯（环）
珍，美品

陆 管钻探索

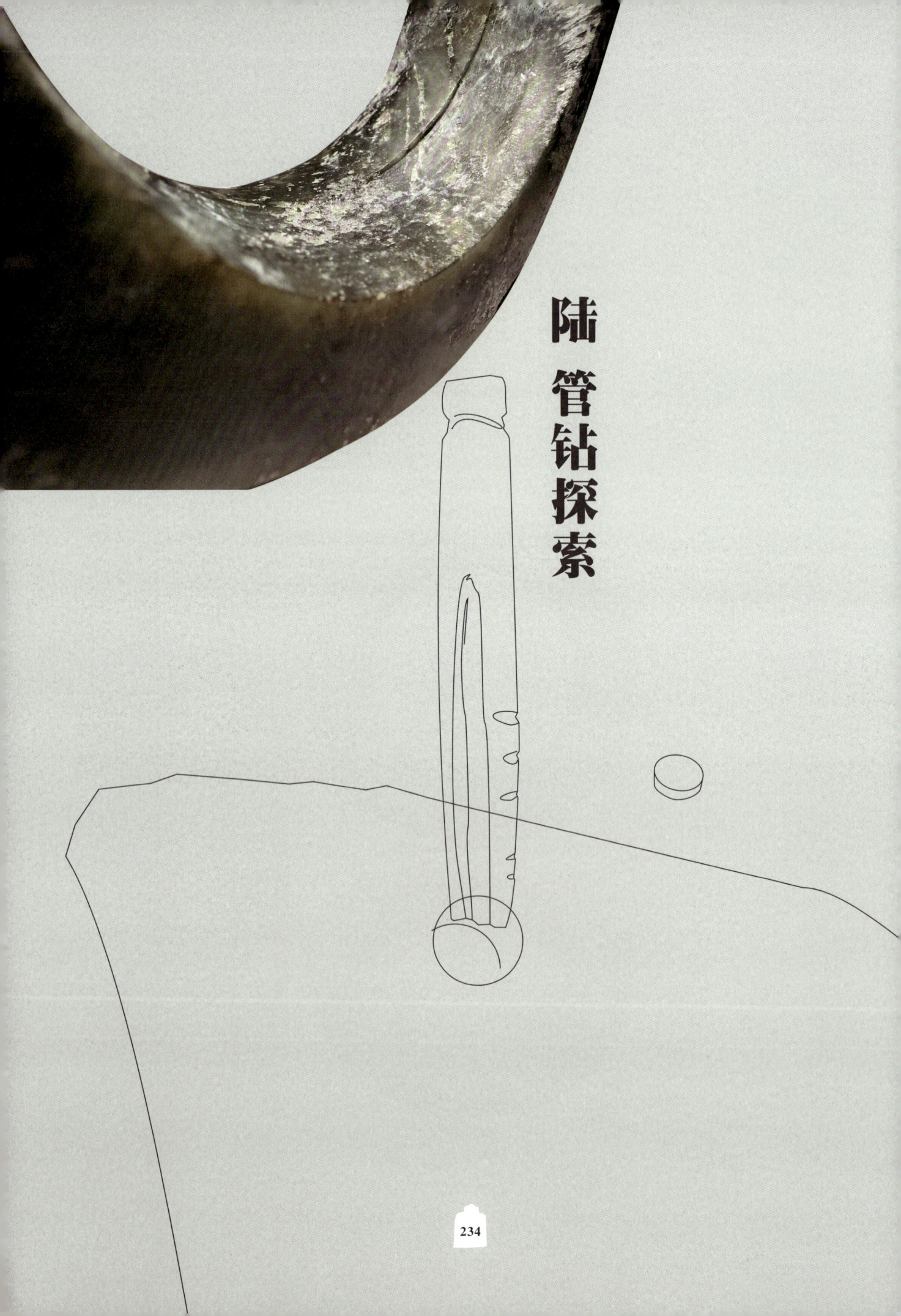

管钻钻头（待考）放大图

管钻与桯钻的对比

石钺开孔种类

6-A
石钺孔
孔，直接利用石凿或其他利器凿开（喇叭口状），有单向凿和双面对凿两种，基本都为实用工具。

A面　　　　　　　　　　B面

6-B
石钺孔
孔A面为利用钻具开孔，开至8/10壁厚处停止，在B面利用石凿或其他利器凿开剩余的2/10厚度，也有部分石钺利用钻具从A面直接打穿而开孔。

A面　　　　　　　　　　B面

6-C
石钺孔
孔A、B两面均为一边利用钻具，一边利用石凿或其他利器凿开。
此钺为滑石，质地并非坚硬，可见利用钻具为主、凿为辅，是早期的习惯性开孔方式。

A 面　　　　　　　内侧 1　　　　　　　B 面

6-D
石钺孔
在A面钻至1/2处后停止，转B面工作。钻至快到剩余的1/2时在振动和压力下产生自动爆裂，形成对向钻孔工作交界线（内侧1图），交界线的内径几乎就是石钺面口的外径。石质和匠人的配合程度存在差异也就有了少部分开孔未自动爆裂者，从而就没有了交界线，钻到钻芯脱离母体为止。一般情况下石钺的制作流程到此已全部完成。匠人在石钺上开孔是画龙点睛，也有少数追求完美之匠人将内穿孔打磨成泥鳅背式样（内侧2图）。

内侧 2

6-E
石钺孔
运用大小直径管钻工具配合开孔，从而形成台阶状孔状。右图的台阶处有凹槽，估计就是管钻工具实际接触石钺的摩擦厚度。

6-F
石钺孔
装饰性开孔，可能借助圆规式划刀来实现，具体属性有待进一步探索。

良渚玉管、锥形器等圆柱形器型中也有类似半弧形现象，普遍认为是加工时线锯缺陷导致，但石钺器型为平面，从此件开孔方式可延申更多的良渚奥秘

这看似冲床工艺的子母构件来自陶寺遗址（图片来源于网络）

4000年前的龙山文化横度上接近良渚文化。遥想原始社会只缺现代科技，不缺智慧和创造，正如恩格斯说的劳动创造人本身。新石器时代在玉石上使用"激光切割"工艺是如何实现的一直到现在还是个谜，同时期的良渚文化开孔也有众多的方法，而石卷芯就类似上图中从母体分离的子件。在早期的考古采集中未单独研究，随着钻芯大量的发现，有助破解良渚掏孔工艺之谜

在良渚早期的试掘中曾遭到年代质疑，认为浙江的古文化上限为春秋。并以石器的开孔技术为佐证依据，提出是借助金属工具完成的钻孔工艺。并在《东南日报》刊登了质疑文章（胡行之《浙江果有新石器时代文化乎》，刘之远：《石器的形成与地层探讨》）。结论是属于石铜并用时代，也就是春秋时代吴越遗存。文章发表后良渚试掘人卫聚贤发表了反驳文章。《浙江石器年代的讨论》引言："《东南日报》的'学苑'刊登了三篇关于讨论浙江新石器的专文以供研究。其文字立场，都是不务虚名以提高时代，也不依传统思想只做承袭的说法，是很值得关注的。'学苑'的编者说得最公允，是不应提高时代也不应承袭旧日的说法……我不在考古的机关工作……不是江浙人，而所以如此说者，是事实胜于雄辩。因为在江浙所发现的石器，不能不使我断定江浙有新石器时代的遗址,希望江浙有志之士，勿以有人推定其时代晚，而致研究乏其兴趣。"[1]良渚文化从发现到研究已过三代人，正是第一代研究者不停地质疑、不断地思考与实物考证鞭策了共同认知的诞生：浙江有着新石器时代的古文化遗址。

[1] 卫聚贤：《浙江石器年代的讨论》，《吴越文化论丛》，吴越史地研究会出版，1937年7月。

图片来源于网络

网传火星上的类似新石器时代石器如何形成的有待科研人员研究，借用此图可以冥想石器之孔是多种原因而成的。有大自然雕琢的，有自然石经人为改良的，有纯手工磨制的，有手工磨制后经自然风化的

石钻芯

　　石钻芯是石器开孔而留下的。掏膛靠的是管钻技术，管钻可能是用小竹节外面用大漆粘贴上金刚砂后转动来实现掏孔。从遗留下来的钻芯和钺内穿痕迹看旋转纹非常清晰，可见并非之前想象的用手工慢慢钻，以铁棒磨针之精神每天双掌撮转管钻，或用手持式钻孔（木匠常用的收拉转动打孔方式）。

　　"螺旋纹"，它应该是钻具快速运转才会留下的。就如同现代的手枪钻开孔作业时，只有一次性完成才会留下清晰的旋转纹。如一而再、再而三地原地旋转，那就是模糊的、无规则的轨迹。从而推测当时是利用了脚踩转车手持石器，管钻工具在高速旋转下来完成的。对于较厚或硬度较大者为提高成品率，采用了双向管钻技术。当时可能是两面同时进行的，同时受力，也就是两根管钻同时工作。在水的润滑和降温下、在金刚砂摩擦下，对向而钻直到相通。而相通后的管钻经过高速运转和磨损也就报废了。一次性产品，故而目前为止没实物发现，推测管钻材质为竹筒或鸡、鸟之腿骨，这是目前普遍的解说。

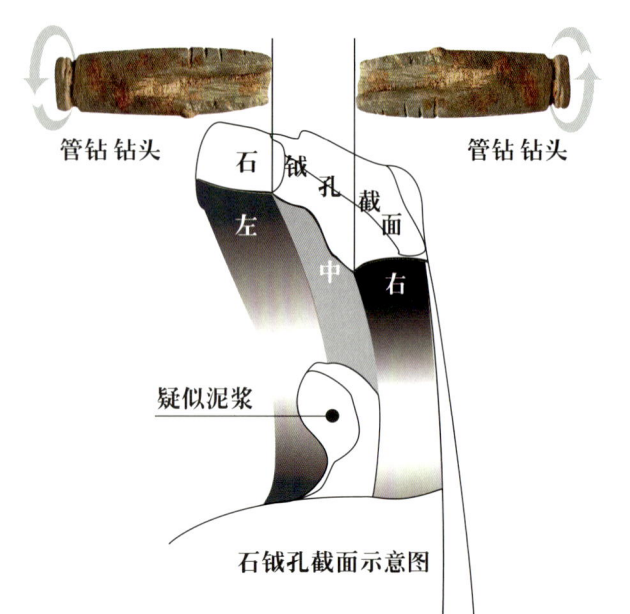

管钻钻头　　　　　　管钻钻头

石钺孔截面

左　中　右

疑似泥浆

石钺孔截面示意图

　　石钺、石刀等较厚器型的开孔普遍采用管钻（用空心钻具钻）从下面彩图的石钺残件中可以看到对向面钻开孔时并非是两端直接钻穿。以下图为例，如把石钺的厚度分成左、中、右三份的话，那中间部分就没经历过钻。只钻了左和右两部分，匠人仅凭经验敲出了钻芯。也有可能钻头在脚踩车床高速地运转下导致钻芯受力压迫而自然脱离了母体。钻头高速地运转也会产生高温迫使钻芯融化为泥浆，待冷却后又形成了无规则的钻芯。这些现象也是钻芯直径永远小于母体孔径的原因。

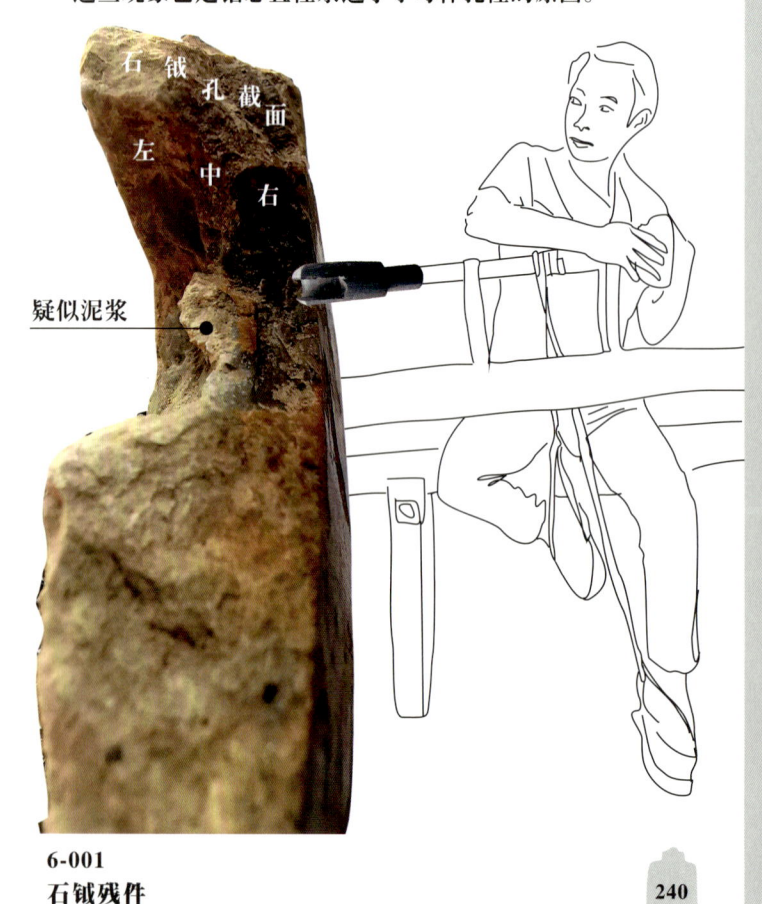

石钺孔截面
左　中　右
疑似泥浆

6-001
石钺残件

尺寸:29mm×14mm×12mm
重:9g
6-002
玉管
采用管钻技术，两端对钻掏芯未遂罕，美品

6-003
玉管
两端对钻掏芯痕迹放大图

　　玉管掏膛靠的是管钻技术，管钻技术到现在还是个未解之谜，有用小竹节外面用大漆粘贴上金刚砂后转动来实现掏孔之说，也有不认同者。对于较厚，或硬度较大者为提高成品率，采用了双向管钻技术。且有可能是同时进行的，两端同时受力，也就是两根管钻同时工作（一顺时针转，一逆时针转），在水的润滑和降温下，在金刚砂摩擦下，对向面钻直到相通，如上图的标本所示

240

尺寸:直径13mm 厚18mm
重:7g

6-004
石质钻芯一组
有两面对钻、单向直开孔
普，美品

管钻钻头探索

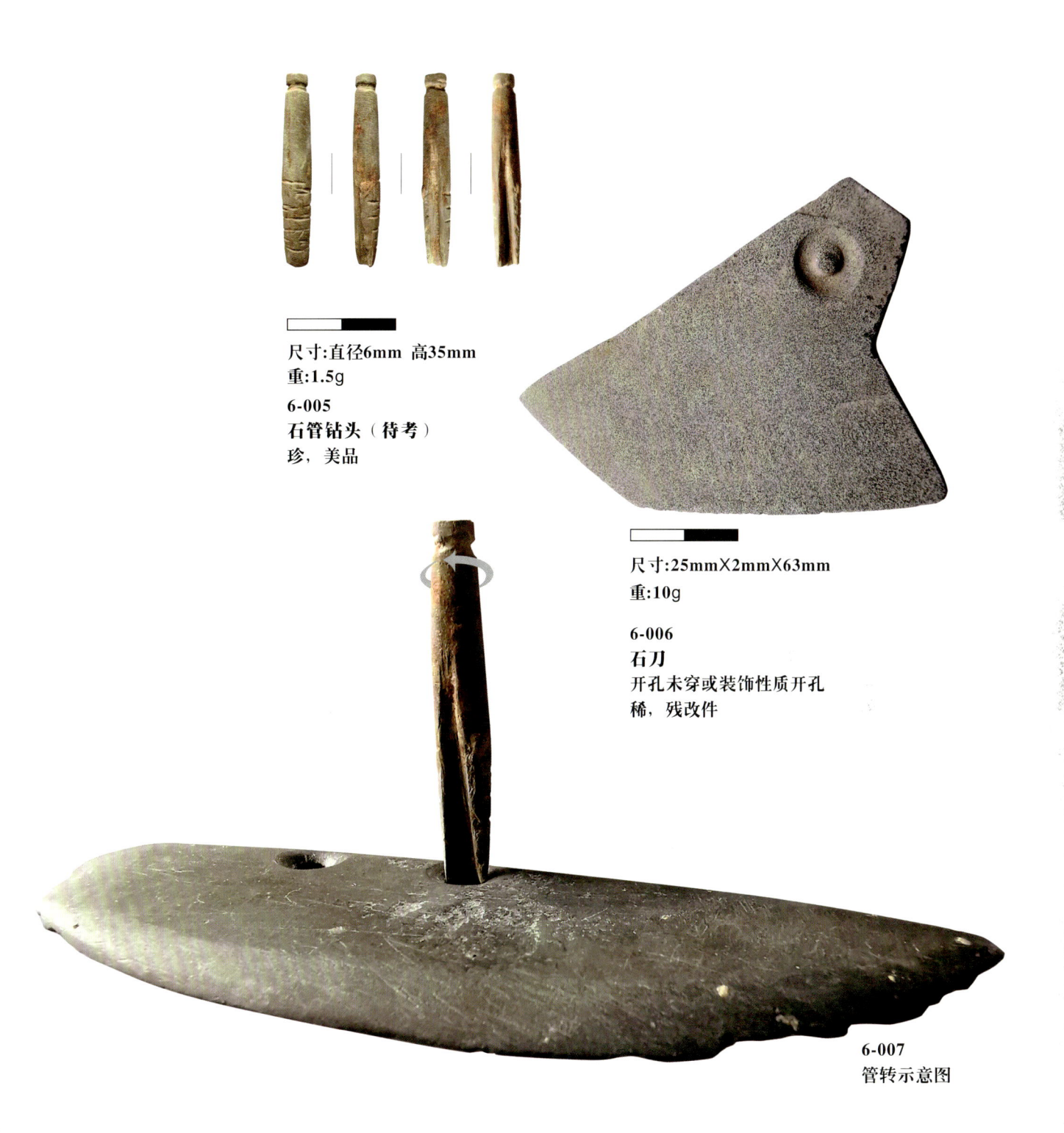

尺寸:直径6mm 高35mm
重:1.5g

6-005
石管钻头（待考）
珍，美品

尺寸:25mm×2mm×63mm
重:10g

6-006
石刀
开孔未穿或装饰性质开孔
稀，残改件

6-007
管转示意图

6-008
红山文化期骨管制品

这两枚骨管为敖汉旗古文化研究者早年在红山文化遗址里采集到的。据说早年偶尔有发现但相比其他骨器的数量占比比较少。此器物为当地相传的管钻工具之钻头。指导思想是以柔克刚，传说中北方用骨质做管钻，而南方则普遍认为用竹质做钻具。并有学者已实验成功，比如：香港大学邓聪教授主持的竹质钻具掏孔实验。

6-009
良渚文化期骨管制品及已炭化的同时期竹节

良渚时期的骨质加工管及炭化竹节表明，良渚时期竹制管钻是有条件能保存下来的。惜至今未发现。（炭化竹节出土环境参考3-003图）

骨制管品尽管做了开槽打磨（壁已很薄），但没有任何旋转痕迹，结构有别于红山文化期骨质所谓的管钻工具许多，但良渚先民的智慧和手工艺水平完全不逊于红山先民，更何况红山文化遗址没有发现与良渚文化期类同的掏芯实物。红山先民是否曾经利用管骨来作为管钻工具有待大家更深入研究。

前面讲到管钻技术到现在还是个未解之谜，专家普遍认为是以竹筒外面用大漆粘贴上金刚砂后转动来实现掏孔。除这方法外遥想古人可能还会有更加可行的方法。本着探索发现的精神，科学、理性地对待各种类似工具，进而分析、研究、证实它的功能。愿多学科研究者一起探寻管钻之谜！

6-010
按石管钻头制作的金属钻头

基本结构都已仿真，开1/3口子用于掏空内芯。刃口处内削，直径相当于6mm

管钻开孔实验 1

2022年7月29日 实验记录

2022年7月29日15：18，杭州酷暑，为管钻实验而加工制作的钻头刚拿到手，便迫不及待地取出准备好了的石器残件，尝试钻孔。

首孔为此片良渚文化期石刀残件。制作时间2分钟，急于出效果，未注水直接套上手枪钻单向一步到位，顺利取出钻芯。钻芯如图，符合良渚管钻特征，为梯形柱状。

第2、3孔为残石镞上尝试。一孔开了一半，另一孔开穿，掏出芯子。

第4孔为石钺残件尝试。在管钻作业中可能因材质问题，钻到一半钻芯已化为泥浆而停止，保留残留以做观察。

第5孔为骨头上尝试。轻松掏出芯子。

实验结果

经过5次开孔实践，按良渚石器结构制作的金属管钻完全可以轻松实现管钻并掏出芯子，从而佐证该良渚器具备同等或接近功能，但对不同的石质要采取不同的速度，注意是否需要注水降温和润滑。

6-011
管钻开孔实验

残石镞上尝试，一孔开了一半，另一孔开穿，掏出芯子

石刀钻芯

石镞钻芯

第1孔
第2孔
第3孔
第4孔

6-012
管钻开孔实验

良渚文化期石刀残件（上图），残石镞（中图）上尝试，掏出芯子。

石钺残件（下图）尝试，在管钻作业中可能材质和转速没协调好，未能掏出。完成一半钻孔而停止，留做观察管钻工艺。

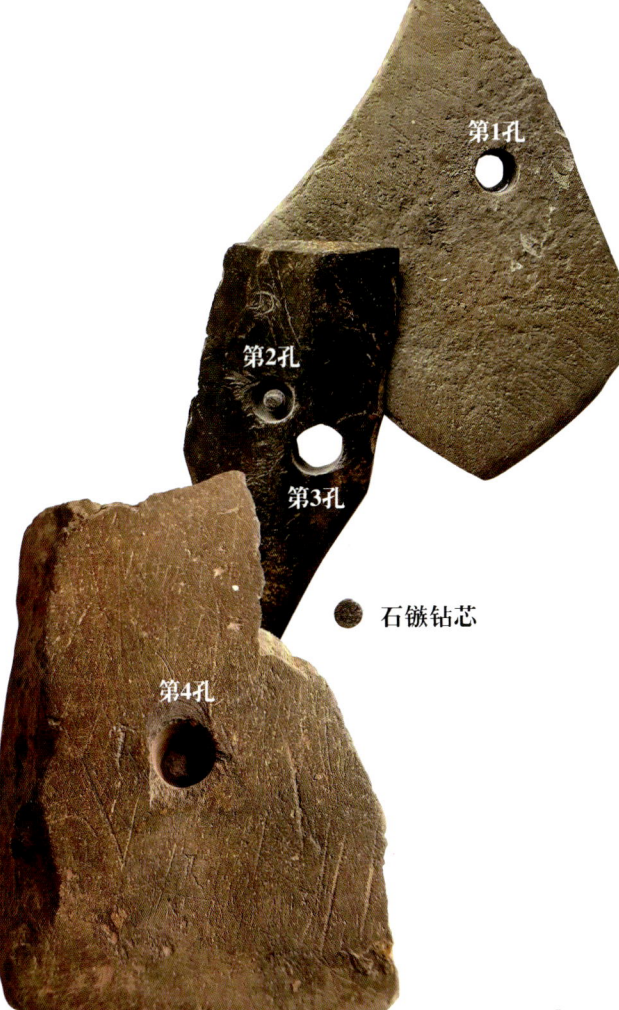

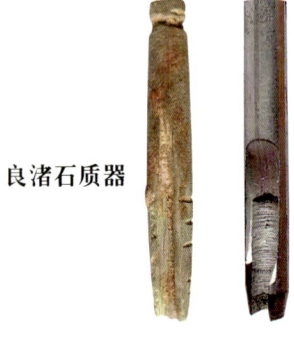

良渚石质器　　当今金属器

两者构造已经接近，区别在于材质上，毫无疑问金属的力度远高于石质。在仿制金属钻半成品阶段时它的钻面是正圆的（直径6mm）。

实验途中也尝试了钻孔掏芯，结果很难钻入石器，可见真正刃口在于杆的立面开槽处，凭这1/3的缺口来实现钻入。管

钻实验是个有意义的实验，科研人员可以进一步深入研究。按如上所述的良渚文化期钻头结构、参考金属件仿真的可行实践，制作直径不一的石质钻头，并尝试管钻……只有实践了，良渚人才会悄悄告诉你答案。

6-013
管钻开孔实验

在骨头上尝试，因骨头为空心，钻到空心处掏出芯子，可以用秒钻、秒掏的速度来形容，轻松应对。实践证明这是管钻的得力工具。

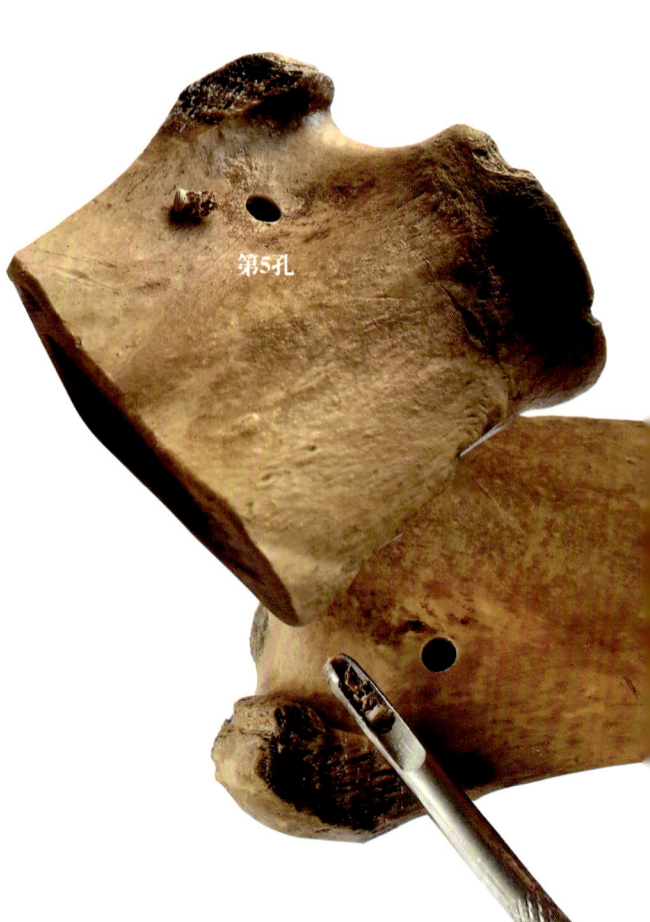

第5孔

6-014
良渚文化期有段石锛残件

6-015
切开石锛残件取材

6-016
按设计图加工的钻头

管钻喇叭口开孔实验 2

2022年11月3日—5日 实验记录

2022年11月3日—4日分别取有段石锛残件和良渚时期的使用遗存"石凿"在玉石加工室切开取材。

（步骤图 6-014 至 6-019）

6-017
良渚文化期石凿

6-018
切开石凿取材

6-019
按设计图加工的钻头及边角料

模拟示意图及制作的钻头

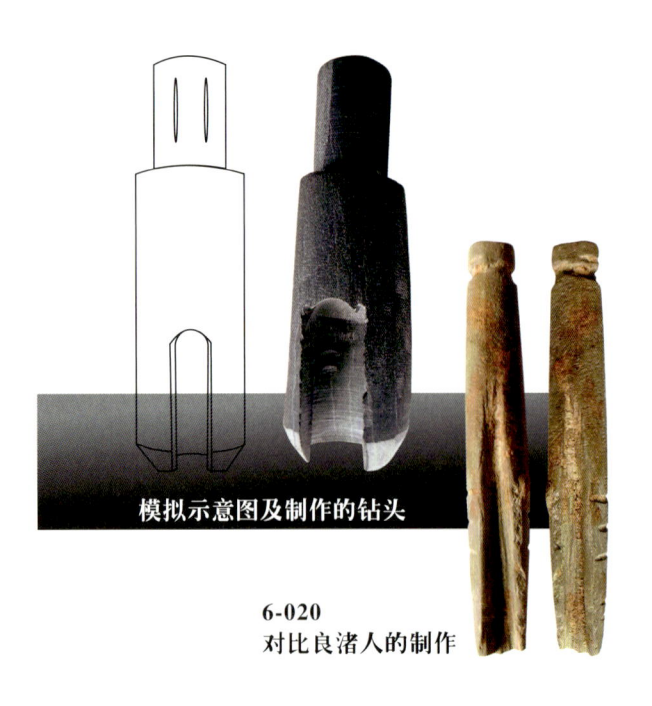

6-020
对比良渚人的制作

尺寸:47mm×6mm×67mm

6-021
良渚文化期残石

6-022
2/3 钻穿阶段

6-023
完全钻穿

6-024
管钻喇叭口开孔实验
利用模仿制作的管钻工具而开的孔及钻芯

孔最大直径:17mm，最小直径：11mm
芯最大直径:11mm，最小直径：8mm

6-025
半机械管钻示意图

实验结果

经过利用良渚石器材质并模仿良渚石器结构制作的管钻工具可行性试验，此工具完全可以实现管钻并掏出芯子。从而证实良渚管钻多样化，这或许就是其中之一法。相比利用竹节粘金刚砂摩擦，掏孔较为便捷。

6-026
管钻留痕

柒 石头记

红色尺寸:45mm×52mm×100mm（缩小图）
重:434g

7-001-1
岩石块标本一对
良渚石器制作常取用的石材
普，美品

7-001-2
石镞及石锛（新磨制）

2023年9月，匠人尝试利用良渚先民石器制作常用之石材，磨制石镞及石锛。
　　实验结论：器型、比例，材质等都已达到了良渚文化标准器。唯一不足的是千年来形成的包浆（玻璃光）经过数月模仿还是未能成功。真正良渚石器的玻璃光是聚光式的，而仿制品为散光式，光晕呆板，无变化。

质料与刻纹

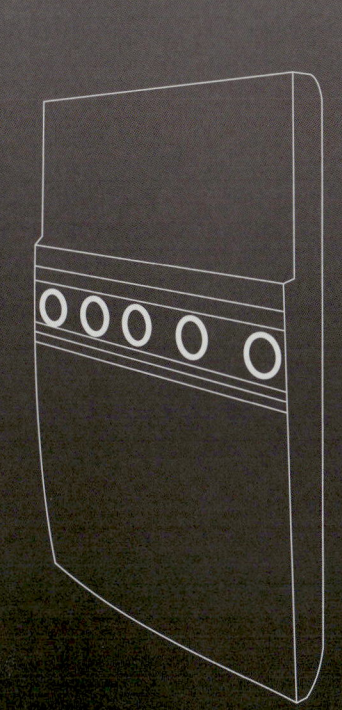

良渚石料

良渚人已充分掌握了按纹理取材技术。并按纹理制作各类石器，从而不易受损

质料

　　石器的质料方面，亦是值得注意的，杭县石器原料多来自远方，或外省或外县，余尝在浙江境内，从事地质调查工作，已历数年，对于岩石分布，虽略有头绪，但同项岩石，性质相同，产地未必亦同，所以他的来源亦渺茫不可据，虽然大部分石器岩质，在浙江内是有分布的，亦不能说石器的原料都可确定为在浙江产的。粗制石器岩质极为简单，绝少变化，皆为石英安山岩及硅质石灰岩所制，而凡是精制石器岩质亦趋复杂美观，因为已由实用转变为明器化了，所以对于岩质的选择，良渚先民已具备审美的观念，其时代先后，由此亦得以证明，石器的原料，都是硅质岩石，取其硬度高，抵抗风化力强之故，经鉴定后有下列数种：

砂质石灰岩	石锛、石斧、石刀等
石英安山岩	石刀、石斧、石锤、石戈、石锛等
千枚岩	石镞等
燧石石灰岩	石锛
流纹岩	石铲、石钻
变质凝灰岩	石铲
凝灰砾岩	石铲
角砾岩	石铲
白色石英岩	石铲
闪长岩	石铲
硅质板岩	石铲、石锛、石刀等
绿帘片岩	石铲
灰绿色粗砂岩	砺石
花岗岩	石铲
紫砂岩	石镰

　　初期的粗制石器，都利用石料的天然形状，略加打击砥磨之手续，尚未制成而仅加敲击者亦有之，可知是随时随地制作，并不固定，迄后期石料选择甚慎，制作亦精，原料类多取自远方，而石器之制作打磨钻孔，必须有专门的技术了。

引：施昕更：《良渚》（杭县第二区黑陶文化遗址初步报告），浙江省教育厅出版，1938年6月。

良渚石料

在金属工具出现之前,石器是人类最为重要的工具形态。我们最近对整个C形盆地内出土(采集)的,收藏于余杭博物馆、良渚博物院和浙江省文物考古研究所几乎所有的良渚文化石器,总数约2500件,进行了一次全面岩性鉴定,并对周边区域现今所产石料也进行了岩性调查。分析发现,不同的石器类型是由不同的石材制作的。其中用于制作石锛、石凿这类主要木作工具的石材,最主要的是一种带条纹的硅质岩。在浙江省境内,这种石材很可能只有良渚遗址群西南侧的南苕溪和分水江流域才有分布。而在分水江的下游,正有桐庐方家洲石器加工遗址,这里的河滩是马家浜、崧泽文化时期的石料采集和初加工营地。同时发现8000多年前的跨湖桥文化,7000年前的河姆渡文化均已开始采集这类石头制作工具,石料应该也是从这一区域采集的,所以这里有很长时间是传统的固定采集点。我们在良渚古城内钟家港两岸、毛竹山、外郭文家山、城郊的百亩山、石马兜等地都发现过石器毛坯、石钺钻芯,以及其他砺石等工具,现场没有石片堆积。而在方家洲遗址却只发现了大量打击的石片堆。同时根据我们对方家洲遗址边河流源头的山体调查与实验,证明人们并不从源头开采山料,而集中在河流中下游河滩采集砾石。根据我们的实验,山料采用打击法成坯时,约百分之九十会不规则破碎,无法成型;而河滩上的砾石实际上已经过远距离的自然搬运,其间脆弱的部分已经逐步崩解,剩下来的是岩石最致密和坚固的部分。因为石器大部分都是实用工具,需要持续受力,所以牢固度很重要。而自然的选择帮助人们获得了最为适用的石材,所以富集砾石的河滩成为最合适的石材采集和初步工地。另外在良渚文化时代,水上交通是最经济的运输方式。晚到清代,从安徽绩溪县到杭州,走分水江水路大概需要4天,翻山走旱路要半个月。因此,从经济性上考虑,水路肯定是当时石料运输的主要路径。另外,部分石器如花石钺等被用作礼器,可能说明色彩、花纹等形态特征也是重要考量指标,而固定的岩石品种和来源或许也被纳入其中。良渚文化墓葬中,男性墓葬中最常见的典型随葬品一般都没有使用痕迹,属于明器的范畴。其中,贵族墓中常见舌形大孔的厚体花石钺,质地有泡沫熔岩等,可能来源于良渚古城西侧的余杭仇山和富阳一带。平民墓中常见的薄体带刃角的小孔石钺,材质一般为硅质泥岩,这些石料在良渚古城西侧山地也有固定的来源。

引:王宁远:《何以良渚》,杭州:浙江大学出版社,2019年。

刻画器物

良渚石器品种较多且数量可观，然而在石器上有刻画符号或镌纹的少之又少。这些记号的留痕就是良渚档案，或许记录的是当时的某件事物。石器的硬度高于玉器更高于陶器，想必是刻画技术的天花板了。良渚文化发现者施昕更为第一代良渚考古者，那时由于田野考古人力、财力微乎其微，外加战乱，时常命在旦夕。正如作者所描述，看到《良渚》一书的出版心情是极为复杂甚至是极度悲伤的，众多的标本都已毁于一旦。唯一欣慰的是还有那么多热爱浙江古文化的爱国人士……

所以当时的考古发现及研究还有很大的局限性。而如今信息化时代，可以利用卫星影像、航拍、区域扫描、地球化学分析石器上的残留物分析、微痕分析等科技考古。甚至是同时期横向文化大数据的对比及计算机自动识别都为早期的分析做了详细科学的补充。考古人员及文博单位都有不断更新成果报告。倘若抛开当下的存储方式，以石头记之，您想刻画点什么呢？

部分图片引：王其全 金志昂:《点线面：良渚文化刻画符号集萃》，杭州：中国美术学院出版社，2022年3月。

尺寸：19mm×12mm×50mm
重：10g

7-002
石镞及拓本
刻有菱形网格纹
珍，残件

尺寸：21mm×11mm×107mm
重：15g

7-003
石镞
菱形四面刻有线纹
罕，美品

尺寸:23mm×2mm×30mm

重:3g

7-004

石祭台

鸟立祭台图腾之祭台石牌

珍，美品

尺寸:37mm×10mm×42mm

重:37g

7-005

天然鹅卵石

和玉琮上面的眼睛图如出一辙，左右对称

罕，美品

尺寸:直径18mm 厚10mm
重:7g
7-006
石钺钻芯
类似刻符号"个"
罕，美品

尺寸:32mm×6mm×45mm
重:15g
7-007
石残件及拓本
刻有连珠纹
罕，残件

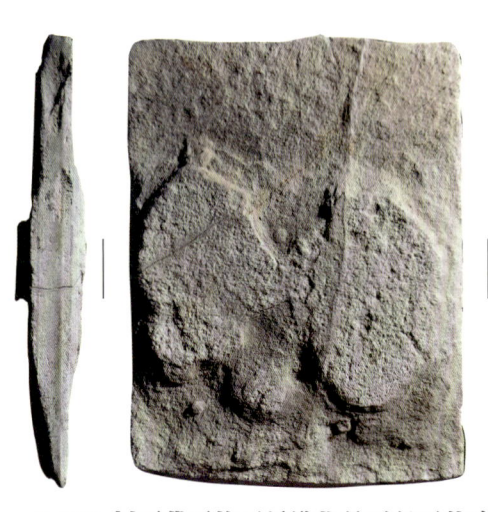

7-008 以石代玉练习浮雕作品而留下的痕迹

7-009
石刀及拓本
刻有连珠纹
珍，美品

尺寸:113mm×6mm×52mm
重:51g

7-010 以石代玉练习玉琮器型制作而留下的各种痕迹（组图）
可见玉琮的制作者是至高无上的匠人，放到现在得具备国家级工艺美术大师职称者方可胜任

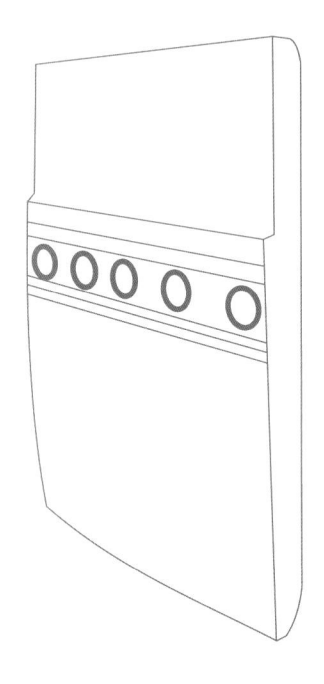

尺寸:53mm×15mm×80mm
重:95g

7-011
有段石锛
刻有平行线、连珠纹
珍，美品

258

7-012
庄桥坟遗址出土的刻符石钺

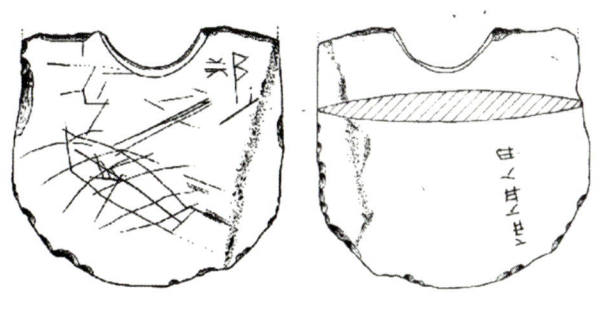

浙江平湖庄桥坟遗址出土石钺

　　随着社会发展的复杂化、社会分工的专门化、严格的礼仪制度的形成与垄断神权的出现，良渚人对于标记、记事等功能的符号需求也大增。特别是良渚古城这个超大型工程，它的设计、规划、营建应该都需要成体系的符号来记录信息、分发任务，这也是国家组织的一种表现形式。尽管学界对良渚是否有文字至今还没有达成共识，但毋庸置疑的是良渚是早期文明的典范。那对于良渚人所创造和使用的这些刻符到底在他们的社会里发挥什么样的功能，则需要结合新的考古成果，继续探讨、研究，让我们共同期待谜底揭晓的那一天。

引：良渚时课｜第十九课 陶罐的猜想

丁埂遗址现罕见虎纹刻符石钺

宜兴发现一处良渚文化聚落遗址，出土罕见虎纹刻符石钺。

石钺两面图案相似，一面上层为虎纹，中间是卷云纹，下层为飞鸟纹；另一面上层为飞鸟纹，中间为虎纹，下层为卷云纹，"这些图案均为单线刻画，不见重笔，少见飞笔，线条较为流畅，推测刻画工具为硬质尖状石器。""鸟纹、卷云纹过往都有发现，但这种虎纹极为罕见。"而石钺发现于祭祀高台之上，有破损痕迹，应是使用过，但又不是经常使用。因此，与会专家们一致认为，这可能是某种权力的象征。而这一刻符石钺的发现，也将为研究良渚文明的精神文化、崇拜信仰以及美术史等提供新材料[1]。

[1]《现代快报》第A4版：大江苏/人物，2023年4月3日。

尺寸:105mm×6mm×45mm
重:38g

7-014
石镰(双翼石刀)及拓本
刻有符号纹
罕,美品

参考资料

[1] 何天行：《杭县良渚镇之石器与黑陶》，吴越史地研究会出版，1937年。

[2] 何天行：《良渚访古记》，《学艺报》第二一期。

[3] 施昕更：《良渚》(杭县第二区黑陶文化遗址初步报告)，浙江省教育厅出版，1938年6月。

[4] 今宿バイパス関係埋蔵文化財：《調査報告第11集》，《石崎曲田遺跡》- III - 福岡県教育委員会出版，1985年。

[5] 森浩一：《図説日本の古代 第3巻》コメと金属の時代，縄文時代晩期~弥生時代　発行者:嶋中鵬二，発行所:中央公論社，1989年11月20日。

[6] 吴越史地研究会：《吴越文化论丛》影印本，上海文艺出版社，1990年。

[7] 林华东：《良渚文化研究》，浙江教育出版社，1998年。

[8] 浙江省文物考古研究所、萧山博物馆编：《浦阳江流域考古报告之一 跨湖桥》，文物出版社，2004年。

[9] 浙江省文物考古研究所：《良渚遗址群》，文物出版社，2005年。

[10] 俞为洁：《饭稻衣麻：良渚人的衣食文化》，浙江摄影出版社，2007年。

[11] 李安军：《田螺山遗址》，西泠印社出版社，2009年。

[12] 浙江省文物考古研究所：《文家山》，文物出版社，2011年。

[13] 赵大川、施时英：《良渚文化发现人施昕更》，杭州出版社，2012年。

[14] 浙江省文物考古研究所：《卞家山》，文物出版社，2014年。

[15] 浙江省文物考古研究所：《上山文化：发现与记述》，文物出版社，2016年。

[16] 浙江省文物考古研究所：《良渚王国》，文物出版社，2019年。

[17] 方向明：《良渚玉器线绘》，浙江古籍出版社，2019年。

[18] 王宁远：《何以良渚》，浙江大学出版社，2019年。

[19] 姬翔、王宁远、董传万等：《工程与工具》，浙江大学出版社，2019年。

[20] 王其全、金志昂：《点线面：良渚文化刻画符号集萃》，中国美术学院出版社，2022年。

后记

我现在还清楚地记得当时读书期间的校语：人类的生存空间和生活方式需要不断创造、改善，以推动人类的进步与文明。

造型设计离不开各种工具辅助制作，然而工具的运用直接影响设计的成功与否。得力的工具都是从生产中保存下来的，而且往往都是自己制作或经过改良，正所谓工欲善其事必先利其器，故而匠人对工具如对孩子般呵护。

良渚文化，经过80多年来考古学界不懈的努力与科学论证，取得了"中华第一城"的美誉。文明基石"石破天惊"。良渚文化石器匠人显然个个都是合格的设计师。他们因材施艺制作的石器，创造了奇迹。经过数千年，仍能有幸邂逅这些遗存是一种缘分。为不辜负良渚匠人不计时间磨制的石器，我们将现有资料按功能梳理了几大系列。由于各种原因定有众多良渚石器造型未能列入本书。请以考古机构、博物馆等官方文博系统的考古报告及观点结论为准绳。本书的出版意在抛砖引玉，望大家批评指正。

此书顺利付梓，感谢众多学术研究者、收藏家提供的帮助。感谢浙江省收藏协会领导及良渚委员会师友的帮助。感谢中国美术学院出版社编辑的精心指导。

金志昂
甲辰 花朝

番外

有柄穿孔陶斧
青墩遗址出土
器型较小，非实用器
现收藏于南京博物院

陶锛（马家浜文化期）
器型较小，非实用器

编委会

《石破天惊：良渚文化石器造型研究》

编委会
主　任：翟志强　王其全
副主任：金志昂　陈　晶
编　委：范　慧　宋　健　王　好